KB262007

큰 꿈을 실현하기 위한 5가지 작은 습관

성공 노트술

큰 꿈을 실현하기 위한 5가지 작은 습관

성공 노트술

아카데미북

습관이 나를 1년 만에 이렇게 변화시켰다!

내 이름은 와니 다츠야. 올해 나이 33세, 경영 컨설팅 회사를 경영하고 있다. 몇 년 전만 해도 나는 자격증도, 실적도 없고, 고객도 없었다. 저축액 역시 채 100만 엔이 되지 않았다. 그러나 나는 주변 사람들의 우려를 뒤로한 채 27세가 되던 해에 경영 컨설턴트로 독립했다. 그리고 그날 이후 지금까지 내가 그려 왔던 비전을 향해 힘차게 달려가고 있다.

내가 목표를 향해 내달릴 수 있는 원동력이 되어 준 것은 '꿈에서나 볼 수 있는 매력적인 사람을 만나고 싶다', '유명한 사람, 뛰어난 사람들과 교류하고 싶다'는 소박한 꿈이었다. 그리고 그것을 단순히 희망 사항으로 끝내지 않기 위해 5가지 습관을 실행해 왔다. 1년 동안 이 5가지 습관을 꾸준히 실천한 결과 나는 전혀 다른 사람으로 변할 수 있었다. 그리하여 독립한 지 5년이 지난 지금, 그 성과는 맨 처음 내가 예상했던 것 이상의 큰 보상으로 돌아왔다. 예를 들면 다음과 같다. 유능한 경영자는 물론 마음속으로만 동경해 왔던 유명 저자들과 친분을 맺을 수 있게 되었고, 도쿄 디즈니랜드의 종합 프로듀서였던 호리 테이치로 씨의 조언을 참고로 책까지 출판할 수 있게 되었다. 덕분에 요즘은 수입도 많아졌고, 매일매일 바쁜 나날을 보내고 있다.

꿈을 쉽게 이룬 사람을 알고 있는가?

"더 빨리 꿈을 이루고 싶어요. 그 방법 좀 알려 주세요."

종종 이런 요청을 해 오는 사람들이 있다. 실제로 서점에는 이런 주제를 담은 책들이 엄청나게 쏟아져 나오고 있다. 《쉽게 돈을 벌게 해 주는 방법》, 《가만히 있어도 돈이 들어오는 책》 등은 전부 이런 부류다. 그러나 정말로 그렇게 쉽게 꿈이 실현될 수 있을지는 의문이다. 이런 종류의 책들은 대부분 육체적으로는 편한 이야기를 하지만 결국에는 엄청나게 머리를 굴리라고 가르친다. 나는 그렇게 편하게 꿈을 실현하고, 성취감과 만족감을 느낄 수 있는 삶은 존재하지 않는다고 본다. 또 지금까지 그런 사람을 본 적도 없다. 그것은 결국 허상을 좇는 일일 뿐이다.

나는 《프로젝트 X》라는 텔레비전 프로그램을 매우 좋아한다. 이 프로그램은 하나의 프로젝트를 달성하기 위해 주인공이 수많은 어려움을 극복해 나가는 모습을 감동적으로 보여 준다. 프로젝트를 완수하기까지 고난을 극복해 나가는 여정이 결코 쉽지 않지만 프로그램에 등장하는 사람 모두 극한의 어려움을 이겨낸다.

드라마 속의 주인공들은 '할 수 있다' 는 강인한 신념으로 난관을 극복한다. 그 결과 달 표면에 착륙할 수 있었고, 거대한 댐을 만들 수 있었으며, 더 넓은 세계로 진출할 수 있었고, 거대한 성과를 올릴 수도 있었다. 그들이 포기하지 않는 신념을 갖고 있지 않았다면 그 목표들은 결코 달성되지 못했을 것이다.

만약 '할 수 있다는 신념을 갖고 매진할 수 있는 손쉬운 방법'이 있다면 어떨까? 당신도 그런 방법이 있다면 좋을 것이라고 생각하지 않는가? 그렇다! 그것은 단순히 '꿈을 쉽게 실현한다'는 것과는 의미가 다르다. 즉 '할 수 있다는 신념을 갖고 목표를 향해 노력'하면 되는 것이다. 이를 위해서는 '큰 꿈을 실현할 수 있는 작은 습관'이 필요하다. 그래서 나는 이 책을 통해 일반론이 아닌 그동안의 체험과 구체적인 실천 방법을 엄선해 알기 쉽게 설명하려고 했다. 나는 이 책에서 어려운 이야기를 쓰려는 것이 아니다. '작은 것이 쌓이고 쌓이면 큰 것이 된다.' 이 말은 수많은 성공자들이 한결같이 말하는 성공 비결이다. 반드시 특별한 일을 해야만 꿈이 실현되는 것은 아니다. 나는 다만 작은 일을 꾸준히 실천하면 반드시 성공할 수 있다는 이야기를 하고 싶다.

물론 그런 생각을 이해할 수는 있지만 구체적인 방법은

모르겠다고 말할 수 있다. 이럴 때는 무언가를 종이에 써두는 것이 좋다. 이 경우 다시 '어떤 종이에, 어떻게 쓸 것인가?' 하는 문제에 맞부닥뜨린다. 이처럼 이해는 하면서도 실천 방법을 모르는 사람들이 의외로 많다. 나는 이 책을 통해 그 실천 방법들을 정리해 소개하려고 한다. 그저 볼펜과 노트만 있으면 되는 간단한 것들이다.

이 책은 주로 20~30대 경영자나 자영업자, 독립을 희망하는 사람, 성장 욕구가 강한 비즈니스맨들을 위해, 꿈을 실현하는 데 지금 당장 도움이 되도록 집필했다. 만약 프로젝트 팀에서 구성원 모두가 이 방법을 채택한다면 그 성과는 비약적으로 향상될 것이다.

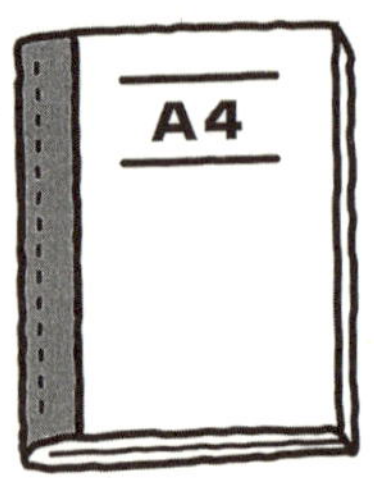

이 책의 큰 특징 중의 하나는 바로 '개념론'이 아닌 '구체적인 실천 방법'에 대해 설명한다는 점이다. 그래서 이 책을 읽으면 곧바로 첫발을 내디딜 수 있다. 두 번 이상 읽는다면 당신에게 큰 변화가 일어날 것이다.

처음에 읽을 때는 그냥 술술 읽어 나가는 것이 좋다. 그리고 두 번째 읽을 때는 그때까지 머릿속에 박힌 주제들을 실천하는 것이 효율적이다. 만약 당신이 여기에 소개된 모든 방법을 실행하고 싶을 정도로 욕심이 많다면 미리 다음과 같은 도구를 준비해 두면 좋다.

비전을 실현하기 위한 도구들
A4 노트, A6 노트, 포스트잇, 5색 펜.

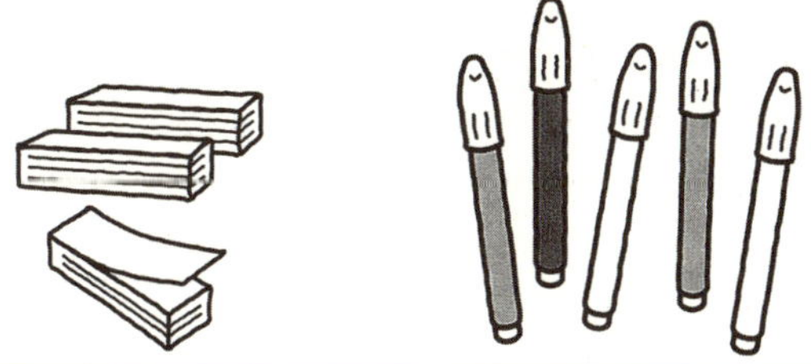

이 책을 읽다 보면 종종 '지금부터 3분 동안 ~을 적어 주세요'라는 제안이 나올 것이다. 그 주제에 대해 떠오르는 것이 있으면 반드시 적어 보도록 한다. 굳이 3분 안에 완벽하게 적으려고 할 필요는 없다. 전체 내용의 50~70% 정도만 완성해도 충분하다. 부족한 부분은 나중에 채워 넣고 싶을 때 채워 넣을 수 있도록 구성했다.

나는 지금부터 이 책을 통해 실제 경험을 바탕으로 당신의 인생에 변화를 가져올 수 있는, 작지만 매우 강력한 5가지 습관을 소개할 것이다. 노트와 펜만 사용하기 때문에 매우 간단하고, 돈도 들지 않는다.

이제 다른 사람의 성공을 부러워하는 일은 오늘로서 끝내도록 하자.

차 례

단 5가지의 습관이
당신을 변화시킨다!

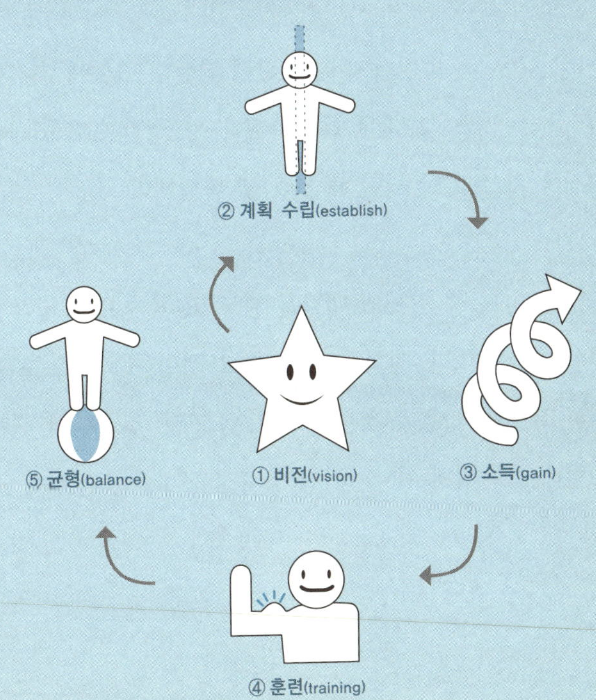

아무도 예측하지 못했던 지금의 나

나는 독립하기 전까지 회계 관련 컨설팅 회사에 근무했다. 그러던 중 '20대에 독립하겠다'는 생각으로 26세에 퇴직을 하고, 27세 되던 해 1월 1일 독립했다.

나는 현재 두 회사의 대표를 맡고 있다. 주로 개별적인 컨설팅과 세미나, 전화 코칭 그리고 세미나 비디오를 판매하고 집필 활동을 하며 살아가고 있다. 지금부터 내가 독립해서 현재에 이르기까지의 과정을 간단히 정리해 보겠다.

27세 _ 자격증도 없고 고객도 없었으며, 자금도 없었다. 물론 경험도 전혀 없었지만 눈 딱 감고 창업해 버렸다. 그리고 나서 1년 만에 샐러리맨 시절의 수입을 올렸다. 그리고 3년이 지나자 소득이 3배 이상 늘어났다.

28세 _ 컨설팅 업무 때문에 센다이(仙台)에서 후쿠오카(福岡)를 걸쳐 전국 각지를 돌아다녔다.

30세 _ 파트너 기업과 전문가 팀이 힘을 합쳐 치과 의원 경영 지원 회사인 ㈜ 비저너리 플래닛을 설립, 대표로 취임했다. 이후 500여 명의 치과 의사를 대상으로 강연을 했다. 전국 각지에서 공개 세미나를 실시했고, 그 내용을 비디오와 오디오로 제작해 판매하기 시작했다.

31세 _ 첫 번째 책인 《캐쉬플로 경영이란 무엇인가?》를 출판했다. 이것이 계기가 되어 전국에서 치과 의사들이 모여들었다. 그 결과 매달 캐쉬플로 경영을 위한 정례 세미나를 실시하게 되었다. 1년 정도 지나자 세미나에 참가했던 사람들이 성과를 보고해 왔고, 동시에 고맙다는 인사의 말을 전해 왔다.
카리스마 마케터인 간다 마사노리 씨와 매니지먼트에 관해

대담한 내용을 테이프로 작성해 홈페이지를 통해 만들었다. 대부분의 구매자들이 '테이프를 3개월 동안 매일 듣고, 지금은 사내에서 실천하고 있다'며 감사의 메시지를 보내왔다.

32세 _ 도쿄 디즈니랜드의 종합 프로듀서인 호리 테이치로 씨와 1년 반에 걸친 대담을 통해 저서 《몽현력》을 발간했다. 《몽현력》은 인터넷 서점인 아마존에서 경제 분야 베스트셀러 종합 1위를 차지했다.

24세(독립 전) 때부터 시작한 서로 다른 업종간의 교류 모임인 '와니회'를 8년 간 정기적으로 실시해 오고 있다.

매달 한 번씩 가족과 1박 2일 정도로 여행을 다니고 있다.

대학 시절, 소림사 권법 3단을 딴 뒤 지금도 정기적으로 도장에 나가 연습하고 있다.

영어 트레이닝 회사와 합작, 새로운 서비스를 개발함과 동시에 영어 실력도 연마하고 있다.

비즈니스든 사생활에서든 내 사전에 '대출'이란 없다. 이렇게 아무런 제약 없이 자유로운 삶을 살아가고 있다.

이렇게 이야기하면 사람들은 대개 "순조로운 삶이었군요"라고 말한다. 나 또한 내가 하고 싶은 일을 할 수 있었다는 사실에 보람을 느낀다. 그러나 처음부터 순조로웠던 것은 아니다. 다시 말해, 내 목표는 아직도 달성되지 않았으며, 결코 현재에 만족하지도 않는다. 단지 현재가 순조롭기 때문에 어려움이 없었던 것처럼 보일 뿐이다. 그러면 다시 "당신은 원래 성공할 사람이었나 봐요"라는 대답이 돌아온다.

당신도 이런 경험을 해 보았을 것이다. 예를 들어 당신이 경영자라면 부하나 후배에게 "사장님은 특별해요", "사장님은 처음부터 뛰어났어요"라는 말을 들은 경험이 있을 것이다. 그러나 성공한 사람들은 거의 대부분 어려운 시기를 이겨냈다는 공통점을 갖고 있다. 나 역시 지금은 좋았던 기억이 더 많지만 후회도 많았고, 비참한 경험도 많이 했다. 그렇지만 그 경험들은 오히려 내가 성장할 수 있는 밑거름이 되었다.

눈앞의 수입과 자존심,
어느 쪽이 먼저인가?

독립 초기, 나는 샐러리맨 시절에 영업을 하면서 알게 된 경영자들을 찾아다니며 인사를 했다. 구상하고 있는 사업에 대해 설명을 하고, 그들을 설득한 뒤 계약을 성사시킬 목적이었다. 다행히 대부분의 사람들은 나를 환영해 주었고, 그중 몇몇은 즉시 컨설팅 계약을 해 주기도 했다.

비즈니스 세계는 항상 냉정하다고 생각해 온 나로서는 계약이 그리 쉽게 체결되리라고는 예상하지 못했다. 그런데 의외로 출발이 순조롭자 마음이 들뜨기 시작했다.

어느 날, 전국 체인망을 보유하고 있는 음식점인 가토 상사(가명)의 본사를 방문했을 때의 일이다. 경영자는 언

 큰 꿈을 실현하기 위한 5가지 작은 습관 성공 노트술

젠가 잠깐 마주친 적이 있는, 약간 안면만 있는 사이였다. 나는 그를 만나자마자 나는 곧바로 컨설팅 업무에 관해 이야기를 늘어놓았다. 그는 잠시 귀를 기울이는가 싶더니 "부사장과 경리부장을 부를 테니 잠시만 기다리게!" 하고는 방을 나갔다. 나는 설레는 마음을 진정시키며 그들을 기다렸다. 나처럼 경험도 없고 자격증도 없는 27세의 풋내기 컨설턴트에게 많은 기대를 하지 않을 것이라고 생각하고 있던 터라 가슴은 더욱 요동쳤다.

잠시 후, 부사장과 경리부장이 들어왔고, 나는 이 회사의 취약한 부분을 고려한 해결 방안에 관해 약 20분 동안 설명을 했다. 신중하게 설명을 듣고 난 부사장은 "음, 괜찮아 보이는군! 재무나 경영의 시스템화는 지금 우리에게 가장 취약한 부분이지!"라며 호응해 주었다. 그리고는 내 계획에 대한 구체적인 견적과 제안서를 보내 달라고 요청했다.

나는 들뜬 기분으로 집으로 돌아와서는 즉시 기획서를 작성해 이메일을 보냈다. 컨설팅 용역 제공에 대한 보수는 월 15만 엔으로 정하기로 했다.

다음 날, 가토 상사의 경영자가 직접 이메일을 보내 왔다. '벌써 답변이 왔군! 어떤 내용이 들어 있을까?' 하고 서둘러 내용을 살펴보니 다음과 같았다.

'당신의 제안은 구미가 당기지만, 현재의 당신은 예전에 근무했던 A사처럼 명성이 높은 것도 아니고, 그만한 정보원도 없다고 생각되네. 따라서 제시한 금액을 지불하기는 어렵네. 만약 7만 엔으로 줄여 준다면 당장 계약을 하겠네.'

메시지를 읽는 순간 화가 치밀고 얼굴이 화끈거렸다. '제시한 금액의 절반도 안 되는 액수를 제시하다니! 날 우습게 봤군!' 게다가 호칭을 보니 나를 완전히 업자 취급하는 느낌이 들었다. 그도 그럴 것이 그때만 해도 독립한 지 얼마 안 되었던 터라 컨설팅 대가에 대해 정해 놓은 규칙도 없었다. 당장 들어올 수입을 생각한다면 금액을 낮출 수도 있었다. 그러나 나는 애초부터 값을 깎는 흥정에는 응하지 않기로 마음먹고 있었다. 굳은 결심을 하고 독

 큰 꿈을 실현하기 위한 5가지 작은 습관 성공 노트술

립했다는 집착과, 컨설팅에 대한 나만의 특별한 구상이 있었기 때문이다. 결국 나는 그 제안을 거절하기로 마음 먹었다.

물론 기획 내용을 조정하면서 정당한 범위 내에서 가격을 절충하는 세부 교섭에는 기꺼이 응하기로 했다. 그러나 컨설팅과 같은 장기 거래에서 비용을 깎아 준다면 나 자신에게도 동기 부여가 되지 않을 것이라 생각됐다. 그러면 결과적으로 컨설팅의 질도 떨어지고, 서로에게 아무런 이득도 되지 않을 것이었다. 결국 나는 '그렇게는 할 수 없으므로 이번 건은 보류하겠습니다'라는 거절 내용을 담은 메일을 작성하기 위해 키보드를 두드리기 시작했다. 그러나 그 순간 마음에 걸리는 것이 있어서 잠시 손을 멈추었다. 그렇게 컴퓨터 앞에 앉아 3시간을 고민한 끝에 다음과 같은 결론을 내렸다.

'일단 최대한 상대의 제안을 받아들이자. 지금은 아무 실적이 없는 나를 무시하는 것이 당연하다. 1년 뒤에 확실하게 성과를 올려 주면 적당한 금액으로 다시 교섭할 수 있을 것이다. 그렇게 해서 최소한 1년 뒤에는 정당한 금액으로 계약할 수 있도록 하고, 2년 뒤에는 지금 나를 무시했던 것을 후회하게 만들어 주자. 그리고 3년 뒤에는 내가 없으면 안 된다라는 말이 나오게 하자. 꼭 그렇게 하자!'

이렇게 마음속으로 의지를 다지며 가토 상사와의 컨설팅 작업에 들어갔다.

고객의 무시를
도약의 기회로!

처음에는 사장과 부사장, 나 이렇게 3명이 월 1회 간부 회의를 가졌다. 그로부터 6개월이 지난 뒤에는 각 지역 지점장에 대한 교육이 추가되었다. 컨설팅 업무는 늘었지만 나를 구속하는 시간을 조금만 할애하여 월 보수를 희망 수준으로 끌어올릴 수 있었다.

그러는 동안 여러 가지 일들이 일어났다. 원래부터 가식이 없고 직설적이었던 경영자는 컨설팅에 불만을 표시하기도 했고, 구체적으로 이것저것을 주문하는 일도 많았다. 그런 말을 들을 때마다 기분이 나빴지만 '개선의 기회'로 삼고 유연하게 대처해 나갔다.

원래 컨설팅 업무는 클라이언트(고객)의 고마워하는 모습을 보고 동기 부여가 된다. 따라서 감사하다는 말에 인색한 회사에 컨설팅을 제공할 때는 처음의 의욕을 끝까지 유지하기가 힘들다. 이제는 쉽게 말할 수 있지만, 당시 가토 상사에서 겪은 가장 큰 어려움은 바로 '언제까지 의욕을 유지할 수 있을까?'라는 의문과의 싸움이었다.

이렇게 컨설팅이 시작된 지 2년 뒤부터 지속적으로 가격 인상에 대한 교섭을 하고, 승인을 얻어 낼 수 있었다. 드디어 서로의 입장이 완벽하게 대등해진 것이다. 예전에는 '혹시나 계약이 해지되지는 않을까' 하고 노심초사했다. 그러나 서로의 입장이 대등해지자 이제 '서로 맞지 않아서 계약이 해지되는 것은 어쩔 수 없는 일이다. 일단 내가 해야 할 일은 잘하고 있으므로 후회는 없다'고 생각하게 되었다. 또 언제든지 새로운 클라이언트를 확보할 수 있다는 자신감도 생겨났다.

그러자 회사 측의 태도가 바뀌기 시작했다. 처음에는 나를 무시하던 회사가 새해의 시작과 함께 열리는 총회에

 큰 꿈을 실현하기 위한 5가지 작은 습관 성공 노트술

나를 초대한 것이다. 심지어 회의장 앞쪽의 사장과 부사장 옆에 자리를 마련해 주기까지 했다. 그때 나는 처음으로 감동을 맛볼 수 있었다. '드디어 인정을 받는구나!' 거래를 시작한 뒤 늘 홀대를 받는다고 생각해 왔기 때문에 더욱 기뻤다.

나에게 있어 비즈니스맨에 대한 나 자신의 이미지는 강사도, 그렇다고 업자도 아닌 바로 '비저너리 파트너(비전을 공유하는 동업자)'다. 클라이언트가 어떤 비전을 달성하려고 할 때 그것을 대등한 위치에서 지원하는 것이 내 역할이다. 겨우 이런 이미지에 가까워지고 내 위치가 명실상부해졌다고 실감한 것은 독립한 지 3년이 지난 뒤다.

당신은 왜 성장하려고 하는가?
나에게는 확실한 성장의 의미가 있다

여러 가지 난관에 부딪칠 때마다 나는 나 자신에게 이렇게 묻곤 한다. '이것을 성장으로 연결하려면 어떻게 해야 할까?'

그러던 어느 날 이런 말을 들었다.

"당신은 마치 성공에 중독된 사람 같아요."

그 말에 나는 "지나친 말씀이군요!" 하며 웃어 넘겼다. 내 기준으로는 당연하다고 생각했기 때문이다. 하지만 곧 '그래, 다른 사람들은 나를 그렇게 생각할 수도 있겠다' 라는 생각이 들었다. 그러면서 나 자신에게 '내가 왜 이렇게까지 기를 쓰면서 성공하려고 할까?' 는 질문을 해 보

 큰 꿈을 실현하기 위한 5가지 작은 습관 성공 노트술

았다. 그때 떠오른 답은 2가지였다.

첫째는, 인생의 목적을 깊이 생각해 보았을 때 가장 큰 테마는 바로 '평생 동안 내 정신을 갈고 닦으며 성장하는 것'이었다. 물론 지나치게 이상적이고 근사하게 들릴지도 모르겠지만 말이다.

둘째는, '매력적인 사람들과 인연을 맺고 싶은데, 그렇게 하려면 내가 성장하여 상대방이 나의 가치를 느낄 수 있게 만들어야 한다'는 것이었다. 예를 들어 그룹 경영자나 연예인, 프로 스포츠 선수, 예술·문화계의 유명 인사 등 전문 분야의 매력적인 사람들과 함께 일할 수 있다면 좁은 세상도 더 넓어질 것이고, 또 그만큼 인생도 즐거워질 것이라는 생각이었다.

올림픽에서 금메달을 딴 선수나 베스트셀러 작가, 유명한 탤런트와 친구가 되었다고 가정해 보자. 얼마나 신선하겠는가? 바로 이러한 욕구들이 성공하려는 내 의욕을 채찍질했던 것이다. 그러기 위해서는 내 능력을 향상시켜야만 했다. 물론 그 과정에서 당연히 수많은 시행착오를 겪어야 했다. 힘들 때는 성공한 사람의 책을 찾아 읽었고, 다른 사람의 충고를 듣기도 했다. 세미나에 참석해 나름대로 많은 구상을 하기도 했다. 그러는 사이 '그래, 이렇게 해 보자'라는 구체적인 대안이 떠오르기 시작했다. 그리고 그것을 내 일과 생활 속에서 하나의 습관으로 활용해 나가기에 이르렀다. 그러나 기대한 만큼의 성과를 얻지 못할 때도 있었고 또 괴로운 일을 겪으면서 스스로에게 의미를 부여하지 못하고 좌절감을 느끼는 순간도 많았다. 그러나 그런 수많은 시행착오 속에서 나는 실행하기 쉽고 성과도 빠른 핵심적인 방법을 5가지 습관과 구체적인 도구로 완성시켰다.

5가지 습관
– 고민하지 말고 이것만 실천하자!

지금부터 소개할 5가지 습관을 그림으로 설명하겠다. 1
~5까지 순서대로 보아야 의미가 있다. 이것을 지속적으
로 실천한 결과, 나는 독립 당시에는 상상도 할 수 없었던
경제적·정신적 성과를 얻을 수 있었다.

1. 비전 Vision

 첫 번째 이 별 마크는 비전 즉 꿈으로, '지속
적으로 비전을 갖는 습관'을 의미한다. 어떻게
자신의 마음속에 비전을 그려 나갈지, 바로 그 비전을 그
리기 위한 도구를 소개한다.

2. 계획 수립 Establish

　　두 번째 이 그림은 중심 축을 갖고 있는 사람, 즉 '흔들리지 않는 자아를 확립하는 습관' 을 말한다.

3. 소득 Gain

　　세 번째인 나선형은 용수철처럼 위로 올라가는 그림으로, 자신이 해 왔던 일을 자신감으로 승화시켜 나가는 것, 즉 '실적에 대해 자신감을 부여하는 습관' 을 의미한다.

4. 훈련 Training

　　네 번째인 이 그림은 무엇을 의미할까? 그렇다! 바로 '알통' 이다. 이것은 '능력을 끌어올리기 위한 습관' 을 의미한다.

 큰 꿈을 실현하기 위한 5가지 작은 습관 성공 노트술

5. 균형 Balance

 다섯 번째 이 그림은 공 위에서 사람이 균형을 잡고 있는 것으로, '균형을 유지하는 습관'을 의미한다.

결국 비전을 갖고 그것을 지속적으로 유지해 나가는 것이 가장 중요하다는 말이다. 비전을 실현하는 과정에는 온갖 어려운 일과 유혹이 뒤따를 것이다. 그래서 흔들리지 않는 곧은 자아가 그 뒤를 잇는다. 이렇게 조금씩 실제 행동으로 옮기는 과정에서 실적이 쌓이고, 그 실적들은 모두 자신감으로 이어진다. 실적이 쌓이면 성장은 더욱 빨라진다. 이렇게 하여 세 번째에는 실적을 자신감으로 연결하는 습관을 기르면 된다. 그렇게 네 번째까지 도달하게 되면 처음의 비전이 상당히 좋은 상태가 이르렀다고 할 수 있다. 이때는 그 능력을 더욱 끌어올릴 필요가 있다. 따라서 네 번째에 '능력을 향상시키기 위한 습관'을 두는 것이다. 여기까지 오면 '앞으로 더 나가자! 더!' 라는

자신이 생긴다. 사람에 따라서는 일 중독에 빠질 우려가 있는 시점이기도 하다. 그런 이유에서 마지막에는 일과 생활이 균형을 이루는 것이 중요하다. 일 중독 현상은 경영자들에게서 많이 찾아볼 수 있다. 그러나 일에 치중하다 보면 가정을 희생하게 되고, 심할 경우 가정 파탄에 이를 수도 있다. 따라서 다섯 번째에 '균형을 유지하는 습관'을 두는 것이다. 독자 여러분들은 이 순서대로 이야기해 나갈 것이라는 점을 알아두기 바란다.

의욕은 있지만 비전을 실현할 수 없는
3가지 이유

예를 들어 당신이 '이렇게 하고 싶다', '이렇게 되고 싶다'는 비전을 갖고 있다고 하자. 그 비전을 실현하기 위해서는 강한 의욕이 필요하다. 그런데 의욕이 있어도 비전을 실현하지 못하는 경우가 있다. 그 이유는 무엇일까? 우선 3가지 이유를 들 수 있다.

1. 개념은 알고 있지만 비전을 달성하기 위해 어디서부터 어떻게 시작해야 할지 모르겠다.

개념론이나 사고방식은 알고 있지만 어디서부터 어떻게 시작해야 할지를 몰라 시간을 흘려 보내는 경우다. 그러다가 결국 시작도 하지 못하고 점점 잊혀져 가게 된다.

**2. 구체적으로 어디서부터 시작해야 하는지는 알고 있지만 어떤
   방법으로 시작해야 하는지는 모른다.**

이들에게는 하고 싶은 것이 무엇인지 구체적으로 종이
에 적어 보라고 해도 어떤 종이에 어떤 식으로 써야 하는
지를 모른다. 당연히 시작도 하지 못하고 점점 미루게 된
다. 내일, 모레, 일주일 이런 식으로 계속 뒤로 미루다가
결국 잊어버린다.

**3. 거창한 목표를 써 두기는 했지만 지나치게 비현실적인 탓에 목
   표를 달성할 수 있다는 자신감이 솟아나지 않는다.**

여기에는 2가지 이유가 있는데, 중요하기 때문에 좀 더
구체적으로 설명하겠다.

첫 번째는, 셀프 이미지가 비전의 크기를 따라가지 못
하기 때문이다. 여기서 셀프 이미지란 '나는 이런 존재
다' 라는 무의식적인 자기 자신에 대한 이미지를 말한다.

장애물(도전)의 난이도
여러 가지 형태로 부딪히게 되는 장애물(도전)
vision
갭
셀프 이미지와 비전의 차이가 '나는 할 수 없다'는 생각을 하게 만든다.
셀프 이미지가 낮은 사람
셀프 이미지가 높은 사람

GOAL
한 개씩 단계를 설정한다
NOWADAYS

예를 들어 같은 영업 업무를 하더라도 '나는 평범한 영업 사원일 뿐이야'라고 생각하는 사람이 있는 반면 '나는 세계 최고의 슈퍼 세일즈맨이다'라고 생각하는 사람도 있다. 이것을 바로 셀프 이미지라고 한다. 우리 주변에는 이처럼 셀프 이미지가 자신의 비전보다 높은 사람도 있고 낮은 사람도 있다.

만약 어떤 사람이 '나는 1년에 1억을 벌고, 업계에서 모르는 사람이 없을 정도로 유명해지고 싶다'는 비전을 갖고 있다고 하자. 그런데 이 사람의 셀프 이미지가 자신의 비전보다 훨씬 낮을 경우 그 사람은 아마도 '그래 봤자 나는 보잘것없는 영업 사원일 뿐이야. 지금까지 실패만 했고, 주변을 둘러봐도 나보다 뛰어난 사람들뿐이야. 그런데 내가 어떻게 성공할 수 있겠어?'라는 생각을 할 것이다. 이렇게 되면 셀프 이미지와 비전 사이에 큰 차이가 생긴다. 사람들이 부딪힐 장애물(=도전)이 자신의 능력 이하일 경우에는 그것을 받아들이고 성장할 수 있다. 반면 자기 능력을 뛰어넘는 장애물에 부딪치면 매우 혼란스러워하고, 또 어떻게 해야 할지를 몰라 주저한다. 바로 이때 셀프 이미지를 높여 줄 필요가 있다.

목표를 달성할 수 있다는 이미지를 갖지 못하는 또 하나의 원인은 바로 목표에서부터 역(逆) 발상을 하기 때문이다. 그러면 현재에서 목표까지 도달하는 이치를 이해하지 못한다. 이렇게 되면 점프를 해서 돌파하려고 한들 아무 소용이 없다. 모든 일에는 순서가 있는 법이다. 목표가 크면 클수록 세분화해야 하고, 목표에 도달하기까지의 과정을 지도로 그려 시작하는 노력이 필요하다.

이 책에서는 '비전을 실현하지 못하는 3가지 이유'를 극복하는 방법에 대해서도 설명할 것이다.

 큰 꿈을 실현하기 위한 5가지 작은 습관 성공 노트술

자기 계발에 충실한 사람의 3가지 유형, 당신은 어떤 유형인가?

주변에서 자기 계발에 매우 충실한 사람들을 볼 수 있는데, 그 사람들을 살펴보면 항상 '열심히 해야지!', '더 성장해야지!' 라는 생각으로 각종 세미나에 참가하곤 한다. 어느 순간 나는 이런 부류의 사람들이 3가지 유형으로 나눠진다는 사실을 깨달았다. 당신은 이 중 어디에 해당하는지 한번 생각해 보기 바란다.

1. 지식 만족형

이 유형은 지식을 쌓는 데는 매우 열정적이나 일단 지식이 쌓인 뒤에는 능력이 향상된 것으로 착각하고 만

왠지 충실하다는 느낌인걸!
음, 좋아. 그냥 가는 거야.

배운 것을 잘 활용하고 있는가?

족해 버린다. 그러나 지식은 시간이 흐르면서 점점 잊혀지는 법. 하지만 이들은 이것을 모른 채 시간이 지나 밑천이 다 떨어지려고 하면 다시 지식을 쌓으려고 무언가를 시작한다.

이런 유형의 사람들은 대개 '인풋(Input, 입력)'에 비해 '아웃풋(Output, 출력)'이 약한 경향이 있다. 즉, 배우기는 하는데 업무나 실생활에 적절히 활용하지 못하는 것이다. 돈을 쓸 때도 지출은 많은 반면 수입은 적어서 균형이 맞지 않는다. 그러다 보니 당연히 생활도 안정적이지 못하다. 실제로 행동하지 않는 것이 성과를 내지 못하는 원인임에도 불구하고, '배운 노하우가 신통치 않다'고 생각한 나머지 세미나 강사에게 불만을 제기한다. 당신 주변에도 이런 사람이 있지 않은가?

2. 친구 획득형

새로운 친구를 만드는 데 온갖 정열을 다 쏟아 붓는

친구를 획득하는 것만으로는 능력이 향상되지 않는다.

다. 많은 친구를 사귀는 것이 곧 능력 향상이라고 생각하고 만족하기 때문이다. 그래 놓고는 친구들이 향상되는 모습을 보며 격차를 느낀다. 하지만 이때도 적극적으로 행동하기보다는 오히려 꼬리를 내린다.

이런 유형의 사람들은 주변 사람들의 상황에 대해 굉장히 민감하게 반응한다. 그리고 주변 사람들의 이야기를 들으면 들을수록 점점 더 자신과의 차이를 느끼고 고민한다. 그 결과 또다른 친구를 물색하려고 다른 세미나에 참석하는 모습을 보인다. 당신 주변에도 분명 이런 유형이 있을 것이다.

3. 실천하고 집중하는 유형

뛰어난 노하우를 체득하면 바로 그날 활용해 보고, 결과를 내기 위해 집중한다. 세미나를 들으면서도 그 내용을 충분히 숙지해 나름대로 응용할 방법을 모색한다. 이처럼 추상적인 개념에 머물지 않고 구체적으로

실천하고 집중하는 유형

!
"집에 돌아가서
당장 정리해 보자!"
배운 것은 즉시 실행에 옮겨야 한다.

이런 유형의 사람들은 자신의 이상에 걸맞게 목표를 설정한다. 그리고 그것을 달성할 수 있다는 자신감을 갖고 활기차게 살아간다. 다른 사람의 눈에는 이들이 성장하는 모습이 보이지만 정작 자신은 성장에만 몰두하기 때문에 주변의 평가만큼 자신의 성장을 실감하지 못한다. '나를 보는 것 같다'는 생각이 드는가? 그렇다면 당신은 성공의 문 앞에 도달한 사람이다.

내가 여러분에게 어떤 자세로 비전을 실현해 나가라고 권유하는지 이제는 조금 알았을 것이다. '실천하고 집중하는 유형'의 자세로 지금부터 이야기를 듣고 실천하길 바란다.

이 책의 목적은
꿈을 실현하려는 당신을 돕는 것

이 책을 통해 내가 말하고자 하는 것을 한마디로 요약하면 '당신의 꿈을 실현할 도구의 선택지를 늘릴 수 있도록 돕겠다'는 것이다. 구체적으로는 다음의 3가지 방법으로 도우려 한다.

1. 당신 스스로의 힘으로 비전을 실현할 수 있도록 돕는다.

미리 말하지만, 내 방식을 강요할 생각은 전혀 없다. 또 내가 아주 새로운 노하우를 제공하는 것도 아니다. 당신의 사고방식이나 수단의 선택지를 늘리고, 더 좋은 방법이 있으면 그것을 선택하기 바란다. 또 여기에 소개되는 것들은 내가 만들어 낸 것이 아니므로 이 책에서 어떤 기발한 발상을 기대할 것도 없다. 그러나 나는 앞선 사람들이 창조해 낸 아이디어들을 나름대로 실천하고 소화하여 그중 '유용하다'고 생각한 것들만 모아 체계화하여 전달하려고 한다. 이를 통해 독자들은 자신의 성공 이미지를 그리는 데 많은 도움이 될 것이다.

2. 쉽게 시작할 수 있고 지속할 수 있는 방법을 간추려 소개한다.

이론은 이쯤 해 두기로 하고, 여기서부터는 누구나 손쉽게 실행할 수 있는 도구와 사고방식을 구체적으로 소개하겠다. 개념은 시중에 나와 있는 수많은 성공 철학서를 보면 쉽게 알 수 있으므로 여기서는 '지금 당장 실행에 옮길 수 있는 첫걸음'을 소개한다.

3. 비전을 추구할 동료 수를 늘려 가고 싶다.

나는 비전을 향해 노력하는 동료를 뒤에서 밀어 주고, 공감대를 형성할 수 있는 친구들을 늘려 가는 데 사명감

을 갖고 있다. 그러므로 이 책의 내용을 실천하고 그 효과
를 실감한 분은 이메일로 그 체험담을 들려주기 바란다
(book@wani-mc.com).

와니식 **꿈을 실현할** 수 있도록 돕는
3가지 자세

1. 비전을 실현하는 방법에 있어서 정해진 자세를 강요하지 않는다.

2. 손쉽게 시작할 수 있고 지속하기 쉬운 방법을 간추려 소개한다.

3. 비전을 추구할 동료 수를 늘려 나가고 싶다.

비전 지도를 통해 꿈을 발견한다
–비전을 갖고 지속하는 습관

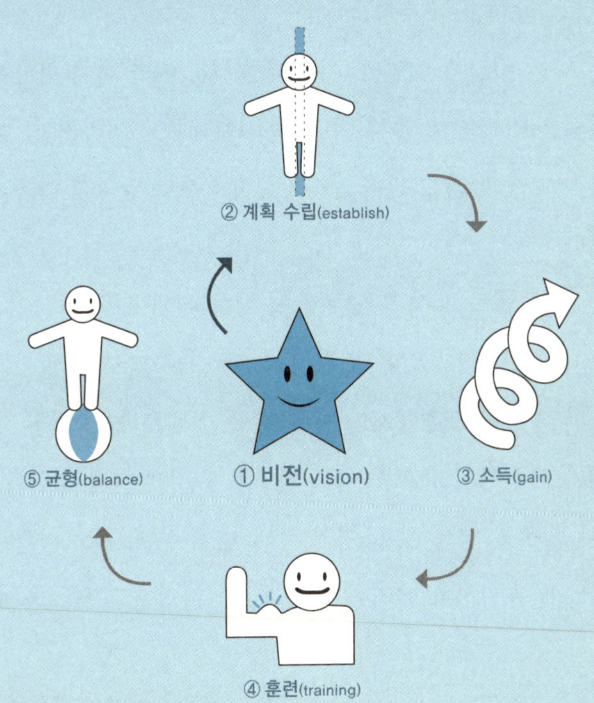

비전이란 무엇인가?

'비전'이란 무엇일까? 이에 대해서는 아마 각자 다양한 정의를 내릴 수 있을 것이다. 내 나름대로 정의하자면 '이상적인 상태'라고 본다. 좀 더 구체적으로 말하면 다음과 같다.

'당신 또는 회사가 임무를 수행한 결과 얻을 수 있는, 장기적으로 되고 싶은 모습을 구체적으로 묘사한 것.'

만약 당신이 경영자라면 '매출을 어떻게 늘려 나갈 것인가', '회사의 규모는 어느 정도로 유지해 나갈 것인가', '사업 내용, 상품 내용, 영업 형태, 인재 선택, 재무 상황은 어떻게 유지하고 관리할 것인가' 등 다양한 것을 고려할

 큰 꿈을 실현하기 위한 5가지 작은 습관 성공 노트술

것이다. 각 항목에 대해 1년, 3년, 나아가 10년 후의 모습
까지도 생각할 수 있다.

이번 장에서는 예상되는 모든 장애물을 뛰어넘을 수 있
을 정도로 강력한 비전을 생각해 보라고 제안할 것이다.

기간은 1년, 3년은 물론 10년 후, 아니 더 멀어진다 해
도 상관없다. 당신이 지금 생각할 수 있는 가장 먼 미래에
대한 비전을 설계하면 되는 것이다. 만약 너무 멀어서 이
미지가 떠오르지 않는다면 좀 더 가까운 미래를 생각하면
된다.

비전을 그릴 때,
절대로 빼놓아서는 안 되는 4가지 포인트

1. 관점을 미리 정해 둔다

대부분의 경우 백지에 자신의 비전을 적으려고 생각하는 순간 손이 멈춰 버린다. '도대체 어디서부터 적어야 하나?' 라는 생각 때문이다. 그렇기 때문에 미리 관점을 준비해 둘 필요가 있다.

예를 들어 '이 회사의 1년 후, 3년 후, 10년 후의 비전은 무엇인가?' 라는 큰 주제가 있다고 생각하고, 그 주제 안에서 실적·규모·영업 구조·상품 구성 등으로 관점을 명료화하는 것이다. 그런 다음 그 내용을 구체적으로 구상하면 된다. 이것이 비전을 쉽게 묘사할 수 있는 요령이다.

미리 관점을 써 보면 큰 틀에서 생각하기 쉽다.

백지 상태에서 시작하면 어디서부터 시작해야 할지 고민될 뿐만 아니라 관점이 한쪽으로 치우칠 수 있다. 예를 들어 수치로만 계산한다거나 영업 부분만을 고려하는 등 어느 한쪽으로 치우칠 가능성이 있다. 그러므로 사고에 균형을 잡기 위해서라도 관점을 미리 명확하게 정해 두는 것이 좋다.

2. '바라는 것은 모두 잘될 것이다'라는 전제 하에 생각한다

특히 10년 후를 내다본다면 사람·돈·시간 등의 제약을 무시하고 생각하는 것이 좋다. 10년 후의 비전을 말할 때 나를 포함한 거의 모든 사람이 '가능한 이유'보다는 '불가능한 이유'를 더 많이 대기 때문이다. 그러나 10년 후의 비전은 너무 먼 미래이기 때문에 어떤 일이 일어날지 아무도 알 수가 없다. 하지만 비록 지금은 불가능해 보이더라도 10년 후에는 모든 가능성이 있을 수 있다고 생각하는 것이 좋다.

사실, 10년이라는 세월 동안 혼신의 힘을 다해 비전을 향해 매진한다면 실현하지 못할 일은 없을 것이다. 그렇기 때문에 어떤 일이라도 이룰 수 있다는 전제 하에 비전을 고려해야 한다. '현실적으로 불가능해 보이는데……' 라는 생각은 일단 접어 두자. 이렇게 비전에 도달하는 과정을 성가신 일로 생각한다면 그 시점에서 발상의 전환은 멈춰 버린다.

실제로 나는 독립해서 5년 동안 줄곧 구석진 곳의 좁은 사무실에서 일했다. 물론 당시의 수입으로 더 넓은 사무실로 이전할 수 있었고, 나 역시 쾌적한 환경의 사무실을 동경했다. 그렇게 당장 실현하지 못할 상황이 아니었음에도 불구하고 나에게는 그것을 가로막는 걸림돌이 있었다.

먼저, 사무실 이전에 대해 생각한 순간 '불필요한 것들을 처분해야 하고, 이전할 준비도 해야 하겠지? 새로운 비품도 구입해야 할 것이고, 또 이삿짐 회사에 의뢰도 해야 하고... 에이, 귀찮다. 아직 급한 일도 아닌데 당분간 미루지 뭐!' 라는 생각이 들었다. 즉 쾌적한 사무실 환경에 대한 바람이 성가신 일을 해야 한다는 이미지를 동시에 떠

올려 준 것이다.

이런 경우에도 과정에 초점을 맞추지 말고, '어떻게 될 것인가'에 집중해야 한다. 다시 한번 언급하겠지만, 나도 다른 사람의 도움을 받기는 했지만 이전한 뒤의 이상적인 사무실 상태를 종이에 적자마자 바로 사무실을 옮겨야겠다는 의욕이 생겨났다.

3. 여기에 무언가를 적었다고 해서 의무는 아니다. 상황에 따라 끊임없이 변화할 수 있다는 유연성을 가진다

대개 비전을 적어 보라고 하면 오히려 그것을 적음으로써 거기에 얽매일 것 같다는 생각이 들 수 있다. 그러나 이 점에 대해서는 안심해도 된다. 어느 누구도 당신을 구속하지 않기 때문이다. 당신 스스로 적은 것이기 때문에 언제든지 그것을 바꿔도 상관없다. 이처럼 상황 변화에 따라 끊임없이 궤도를 수정할 수 있다는 유연성을 갖는 것이 중요하다.

Your idea sounds good.
Let's discuss
more about this subject.
Sure!! It's
my pleasure

예를 들어 불과 3년 전과 지금을 비교해 봐도 세상은 완전히 변했다. 통신 환경도 달라졌고, 국제 정세도 달라졌다. 교통 수단은 더욱 발전하여 세계는 한층 더 가까워진 느낌이다. 당신 역시 3년 동안 다양한 경험을 통해 상황을 바라보는 눈과 사고 방식이 바뀌었을지도 모른다. 그렇기 때문에 3년 전에 적어 둔 것에 구애받을 이유가 전혀 없다. 그러나 3년이 지난 지금도 그 일에 대한 마음이 변하지 않았다면, 그때는 그대로 밀고 나가라.

4. '5W 2H'의 관점에서 써 나간다

흔히 육하원칙이라고 하는 '5W 1H'는 국어나 영어 수업에 배워서 잘 알고 있을 것이다. 5W는 'Why(왜), When(언제), Who(누가), Where(어디서), What(무엇을)'을, 1H는 'How(어떻게)'를 의미한다. 그러나 여기서는 'How much(얼마)'를 하나 더 추가해 '5W 2H'의 관점에서 바라볼 것이다. 이 중 특히 중요한 것은 'Why, When, How much'의 3가지다.

Why
왜(목적)
When
언제(기한)
how
much
얼마
(구체적인 숫자)

① Why _ '왜 그것을 하려고 하는가?' 그 목적

② When _ '언제까지 하려고 하는가?' 1년, 3년, 10년 후? 아니면 6개월 후?

③ How much _ 비용이나 시간이 드는 문제는 그것을 '몇 시간 또는 몇 개월 동안 얼마를 들여서 하려는지?'를 정해 미리 시간과 예산을 기입해 둔다. 기입할 수 있는 한 모두 적어 두는 것이 좋으나 그럴 수 없다면 적지 않아도 된다. 이렇게 5W 2H를 의식하면서 적어 두면 실감나는 비전을 그릴 수 있다.

당신은 '비전 추구형'인가,
'경과 대응형'인가?

막상 비전을 생각하려고 하면 잘 안 되는 경우가 많다. 이는 대개 다음의 2가지 유형에 속하기 때문이다. 비전을 향해 매진하는 '비전 추구형'과, 전체적인 방향은 결정했지만 명확한 비전을 그리지 못하고 경과에 몸을 맡긴 채 현재를 즐기는 '경과 대응형'이 그것이다. 물론 이 2가지가 섞인 유형도 있다.

여기 제1의 습관에서 '경과 대응형'은 자기의 비전을 술술 적어 내려가지 못할 수도 있다. 하지만 상관없다. 서두르지 않고 지금 적을 수 있는 범위 내에서 이상적인 모습을 상상해 보는 것만으로도 즐거운 일이기 때문이다.

나를 설레게 하는
비전 지도 그리기

5가지 도구 가운데 첫 번째는 바로 '나를 설레게 하는 비전 지도 그리기'다. 여기서 나는 '마인드 맵(Mind map)'이라는 노트술을 활용해 당신의 비전을 종이 한 장에 표현하게 할 것이다. 나는 이것을 '비전 지도'라고 부른다. 여기서 말하는 마인드 맵은 토니 부잔(Tony Buzan)이 개발한, 좌뇌와 우뇌를 모두 활용해 적는 방법을 말한다. 구체적인 내용은 《인생의 기적을 일으키는 노트술》을 참고하라.

나는 6년 전 독립할 당시에 종이에 내 비전을 적었다.

그것은 1년 후와 3년 후, 그리고 10년 후에는 과연 어떻게 되어 있을까라는 이미지를 떠올리기 위해서였다.

6년이 지난 어느 날, 그때의 계획을 읽어 본 나는 10년을 목표로 적어 두었던 것이 4년 만에 달성되었다는 사실에 깜짝 놀랐다. 이것은 나뿐만 아니라 내 클라이언트와 친구들도 마찬가지였다.

단지 내가 다른 사람들과 조금 달랐던 것은 머릿속에서 이미지가 잘 떠오르지 않는 탓에 오로지 글을 통해 비전을 이성적으로 이미지화하려고 했다는 점이다.

사실, 비전을 묘사할 때 어디서부터 시작해야 할지 모르는 경우가 많다. 나 역시 처음에는 그저 막막하기만 했다. 그런 상태에서 갑자기 구체적인 내용을 적으려고 하면 오히려 관점이 한곳으로 치우쳐 자기 스스로도 납득하기가 어려워진다. 그래서 나는 다음과 같은 하나의 규칙을 정했다.

'먼저 나의 관점에 대해서 기입한다. 이것을 기입하기까지는 구체적인 세부 사항을 고려하지 않는다. 관점을

 큰 꿈을 실현하기 위한 5가지 작은 습관 성공 노트술

적은 다음에 비로소 그 관점에 기초한 구체적인 사항을 기입한다.'

그리고는 이 규칙을 철저하게 지켜 나갔다. 그러자 의외로 쉽게 비전을 써내려 갈 수 있었다. 예를 들어 '비즈니스를 함에 있어 3년 뒤의 가장 이상적인 상태'라는 주제로 비전을 써내려 간다고 생각해 보자. 이때는 종이 한 가운데에 동그라미를 그리고, 동그라미 안에 주제를 기입하면 된다. 그런 다음 동그라미 주변에 5~6가지의 관점을 기입하면 되는 것이다. 여기서는 어디까지나 관점만 적어야 한다. 관점과 함께 구체적인 실행 방안까지 적으려고 하면 어려워지기 때문이다. 구체적인 방안은 일단 보류해 둔다.

1. 어떤 관점을 생각할 것일까?

예를 들어 '실적', '인원수와 그에 따른 능력', '취급 상품', '타사와의 제휴', '판매 전략' 등을 떠올렸다고 하자. 그런 다음에는 초시계로 시간을 재면서 이것을 적기 시작한다. 3분 정도만 생각하고 더 이상 생각이 나지 않으면 멈춘다. 그런 다음 각 관점 별로 구체적인 방안(=비전)을 적어 내려간다.

나는 올해 초에 다음과 같은 것들을 생각했다.

'타사와의 제휴를 고려해 봐야겠군. 올해는 저술 활동과 강연 때문에 대외적으로 바빠질 거야. 내 업무를 대신해 줄 사람이 필요하겠어. 경영 마인드를 갖고 행동하는 사람이면 좋겠는데……. 가능하다면 샐러리맨이 아닌 사업 경험이 있는 사람이 좋겠어.'

'내 아이디어를 그 사람에게 전달하면 그것을 나름대로 판단해서 행동할 수 있는 사람이었으면 좋겠다. 지금은 나에게 업무가 집중되어 있기 때문에 내가 행동하지 않는 한 아무런 진전도 없어. 그 때문에 많은 기회를 잃고 있어.'

'올해도 책을 낼 것이기 때문에 그런 계기를 만들어 주거나 아이디어를 제공해 줄 사람이 필요해. 글을 많이 쓰

 큰 꿈을 실현하기 위한 5가지 작은 습관 성공 노트술

고 싶지만 그것을 머릿속에서 이끌어 내 줄 자극이 필요
한데 말야.'

　'상품 구매자에 관한 리스트는 있지만 그것을 전혀 활
용하지 못하고 있어. 이걸 전략적으로 활용할 시스템을
강구할 사람이 있으면 좋을 텐데…….'

　이렇게 내가 바라는 것을 구체적으로 적어 내려갔다.
그리고 그 역할을 맡을 사람을 '전략 매니저'라고 부르기
로 했다.

　그리고 3일 뒤, 사귄 지 10년 된 친구와 서로의 비전에
대해 이야기할 자리를 갖기로 했다. 그는 같은 또래의 샐
러리맨보다 연 수입이 3배 이상 많은 유능한 비즈니스맨
이었다. 그 친구와 대화를 하다 보면 나는 항상 자극을 받
곤 했다. 점심을 먹고 난 뒤 그가 말을 꺼냈다.

　"자네의 컨설팅 노하우를 세상에 더 많이 알릴 수 있다
면 좋을 텐데 말야. 내 비전을 생각해 본 결과 그 비전의
이미지에 가장 가까운 모델이 바로 자네라는 사실을 알게

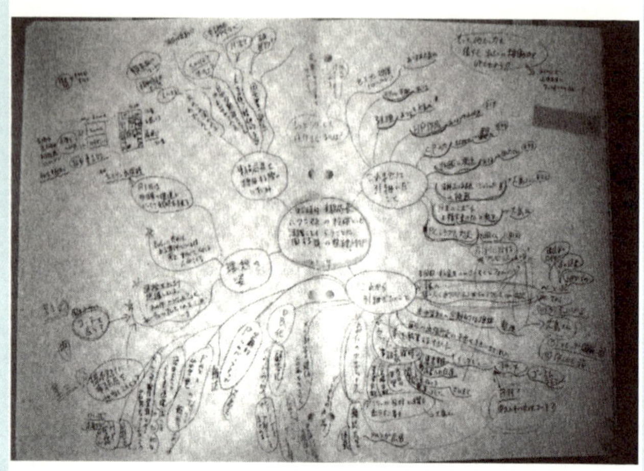

원하는 인재상을 구체적으로 써내려 간 비전 지도가 묘사된 실물 노트.
원하는 것을 명확하게 적어 둔 지도가 이상적인 매니저를 데려다 주었다.

되었네. 그래서 내가 하고 싶은 일은 구체적으로 말
야……."

나는 갑자기 멍해졌다. 그가 말한 '하고 싶은 일'의 리
스트는 모두 내가 3일 전에 적은 '전략 매니저에게 기대

했던 역할'과 거의 일치했기 때문이다. 게다가 나의 비전 지도에는 거기에 딱 맞는 인재 후보로 그의 이름이 올라 있었다. 그저 이상적인 내용만 적었을 뿐인데, 그가 정말로 그 역할을 맡아 주리라고는 전혀 예상치 못했다. 그는 현재 나의 뛰어난 파트너로서 물리적 · 정신적으로 내 비즈니스를 크게 성장시켜 주고 있다.

그렇게 며칠이 지난 뒤, 나는 사무실 이전 문제로 부동산을 방문했다. 전날 밤에 '전략 매니저'를 찾았던 때와 똑같은 방법으로 새로운 사무실에 대한 구체적인 비전 지도를 적어 넣었다. 넓이와 입지 조건에서부터 방 배치, 주변 지리 조건, 집세 등등을 적었다. 그리고 부동산에 들어가서는 가장 먼저 소개받은 사무실이 마음에 들어 즉시 결정을 해 버렸다. 지금은 이곳의 쾌적한 환경에 만족하며 사업과 개인 생활을 즐기고 있다.

되돌아보면 이 과정에는 전혀 무리가 없었다. 원하는 것이 무엇인지 명확하게 아는 것이 곧 힘이라는 말을 되새기게 해 준 경험이었다.

자, 이제 내가 실제로 묘사했던 실물 비전 지도를 살펴 보자.

이것은 내가 올해 6월에 묘사한 '3년 후 비전 지도' 다. 조금 설명해 보겠다. 가운데에 '설레는 3년 후, 2008년 36세의 비전 지도' 라고 적혀 있다. 이것은 지금도 1년에 한 번씩 수정하고 있으며, 가끔은 추가하기도 한다. 주로 매출, 활동 지역, 규모, 영업 구조와 상품, 인재, 자기 계발을 위한 비전, 그리고 사적인 일 등을 기입한다. 가족과 개인적인 사항을 기입하는 이유는 비즈니스와 사생활의 균형도 중요하기 때문이다.

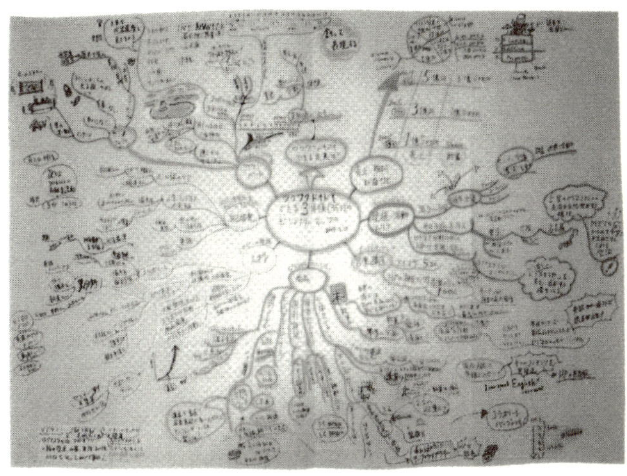

내가 항상 가방에 넣고 다니는 실물 비전 지도. 적을 당시에는 허황된 꿈 같았지만 몇 년 뒤에 확인해 보니 몇 가지는 이미 실현되어 있었다.

비전 지도를 진실한 친구에게 보여 준다

나는 짧은 시간을 정해 놓고 비전 지도를 그린다. 그리고 생각날 때마다 계속해서 추가한다. 제일 처음 기입할 때 걸린 시간은 30분 정도였다. 처음 기입해 놓고 나서는 '3년 뒤에 이것들이 달성되었으면 좋겠다' 라는 생각을 하며 웃곤 했다. 또 기회가 있을 때마다 절친한 사람들에게 내 비전을 보여 주기도 했다. 사실 처음에는 나의 꿈을 다른 사람에게 알린다는 것이 부끄러 웠다. "겨우 이 정도야?" 또는 "안 될 게 뻔하잖아"라는 비아냥거림을 들으면 어쩌나 고민하며 가슴을 졸이기도 했다.

그렇지만 용기를 내서 '이 사람이라면 내 얘기를 들어

 큰 꿈을 실현하기 위한 5가지 작은 습관 성공 노트술

주겠지' 하는 마음으로 친한 사람에게 살며시 이야기를 꺼냈다. 그리고 나서 상대방의 얼굴을 살펴보니 '좋군요. 들어 보니 나도 설레는군요'라는 표정이 보였다. 나의 매니저도 "당신은 무슨 일을 하고 있죠?"라는 질문을 받으면 곧바로 수첩에서 비전 지도를 꺼내 3분 정도 설명을 해 준다고 한다.

내가 상대방에게 이런 설명을 해 주면 상대방은 같은 또래든 대기업 사장이든 모두가 한결같이 그 한 장의 종이에 관심을 나타낸다. 왜냐하면 그들을 지금까지 그런 것을 적어 본 적이 없기 때문이다. 그러면서 "그거, 좀 더 구체적으로 설명해 줄 수 있나요?"라며 다가온다. 내가 좀 더 구체적인 설명을 해 주면 "아, 그렇군요"라고 감탄하면서 자신에게도 그 방법을 알려 달라고 요청한다. 그러면 나는 이들에게 설명을 해 주면서 한편으로는 내 목소리에도 귀를 기울인다. 내 꿈을 말로 되풀이하면서 귀로 다시 한번 더 듣는 것이다. 이렇게 하다 보면 '자기 암시'와 같은 현상이 일어난다. 그래서 겉으로는 비록 상대방에게 말하고 있는 것처럼 보여도 실제로는 나 자신을 타이르고 채찍질하는 것이 된다. 그러면 아직 실현되지 않았고, 다만 '이렇게 되고 싶다'고 말했을 뿐인데도 상대방은 내가 그것을 마치 실현한 것처럼 선망의 눈빛으로 바라본다. 이처럼 상대방이 진지하게 들어주면 말하는 사람도 더욱 자신감이 생긴다. 그리고 다른 사람이 내 이야기를 들어주고, 받아들이고 있다는 생각은 그 비전이 반드시 이루어질 것이라는 확신을 가져다 준다. 즉, 자기 안에 단순한 꿈으로 머물러 있던 희망이 표면으로 드러나는 것이다. 동시에 그 꿈은 더 이상 꿈이 아닌 현실이 되기 시작한다. 그러면 당연히 꿈을 실현하는 속도에도 가속도가 붙는다.

이렇게 자신의 꿈에 공감하는 상대의 반응을 확인함으로서, 한층 더 강한 동기 부여가 이루어지는 피드백을 경험할 수 있다.

비전은 문장형으로 기입해도 아무 상관이 없다. 처음에

는 나도 그렇게 했다. 일단 적어 두면 재미있기 때문에 다시 읽어보고 싶어진다. 게다가 주변 사람들이 흥미를 보이면 더욱 격려가 된다. 여러분도 반드시 마인드 맵을 활용해 볼 것을 권한다.

이 이야기를 듣고 당신도 비전 지도를 그려봐야겠다는 생각이 드는가? 나는 바로 이런 독자들을 위해 안내 역할을 하려고 한다. 그러나 이 책을 끝까지 읽어 본 다음에 그려보겠다는 사람은 일단 건너뛰어도 좋다. 그러다가 와닿는 것이 있을 때, 또는 이 책을 두 번째 읽을 때 다시 이 부분에서 시도해도 상관없다.

만약 당시의 비전 지도를 그릴 마음이 있다면 83쪽에 직접 기입하거나 A4 노트를 준비한다. 노트는 처음의 2페이지를 사용하고, A3 용지도 상관없다.

1년 후, 3년 후, 10년 후 등 지금 가장 묘사하고 싶은 장래의 비전을 자유롭게 그려 본다.

컬러 펜으로 일러스트(그림 솜씨가 없어도 괜찮다)를 그려 넣음으로써 보는 것만으로도 즐거운 비전 지도를 그리는 것이 요령이다. 사진을 오려 붙여도 좋다.

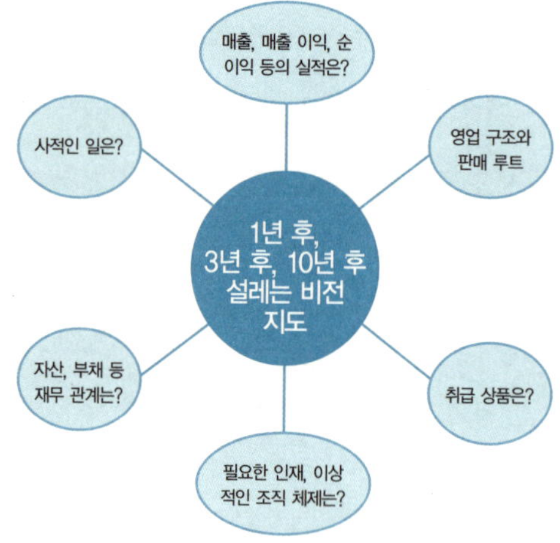

이 시트에서는 총 7가지 관점을 준비했다. 지금부터 7분간, 1분당 1개의 관점이라는 생각으로 '1년 후, 3년 후, 10년 후 달성하고 싶은 것'에 대한 키워드를 작성해 보자. 처음부터 문장으로 적으려고 하면 시간이 걸리므로 간단하게 키워드로 작성하는 것이 좋다. 7분 동안, 총 7가지 관점에 대해 어떤 말이든 좋으므로 각각 한 단어 이상 기입하도록 한다. 한두 가지 관점에만 치우치지 말고 골고루 기입하도록 한다.

여기서는 경영자나 개인 사업자를 상정한 비즈니스 비전 지도를 소개한다. 하지만 '개인적 비전 지도'를 작성해 보는 것도 흥미로운 일이다. 취미나 가족, 친구 관계, 자기 계발, 저축, 육아 등 다양한 관점에서 이상적인 상태를 상상해 작성할 수 있다.

기간은 1년도 좋고 3년도 좋고 10년 뒤도 좋으니 스스로 선택하기 바란다. 앞에서 종이의 가운데 주제 부분에 '1년 후', '3년 후', '10년 후'라고 적은 것처럼 몇 년 뒤의 비전을 그릴지는 일단 동그라미를 그려 놓고 시작한다. 참고할 비전 지도를 살펴보면서 지금부터 7분 동안 직접 비전 지도를 작성해 보자. 파이팅!

[   ]의 비전 지도

자, 그려 보았는가? 그럼 여기서 잠시 펜을 놓고 쉬도록 하지. 짧은 시간이었지만 잘 그려졌는가? 짧은 시간 동안에 그리려는 연습을 하면 그만큼 집중할 수 있어 효율이 높아진다. 만약 1시간 동안 천천히 적어 보라고 하면 완성된 내용을 적어야 한다는 부담감 때문에 오히려 더 적기가 힘들다.

비전을 그릴 수 없는
당신을 위한 해결책

지금까지 7분이라는 제한 시간 동안 기입할 관점을 미리 정해 두고 비전을 적어 보았다. 이렇게까지 문턱을 낮춰 주면 대부분의 사람들은 비전을 그리는 첫발을 내딛는다. 그러나 이렇게 해 주었음에도 불구하고 막막해서 기입하지 못하겠다고 하소연하는 사람들이 있다. 이들이 비전을 그릴 수 없는 데는 3가지 이유가 있다.

1. 뇌가 허락해 주지 않는다.
2. 발상을 전환하지 못한다.
3. '할 수 없는 이유'를 극복하지 못한다.

이제부터는 이 3가지를 극복하는 요령에 대해 잠시 설명하겠다.

1. 뇌가 허락해 주지 않는다

하다가 미뤄 둔 일이 너무 많으면 비전을 그릴 수 있도록 뇌가 작동하지 않는다. 심리적으로 불안한 상태에서는 자신의 장래 따위에 눈을 돌릴 기분이 들지 않기 때문이다. 그럴 때는 미완성 상태로 있는 모든 일을 기입해 보는 것이 좋다. 도대체 무엇이 내 발목을 잡고 있는지 하나하나 따져 보는 것이다. 머릿속으로만 떠올릴 것이 아니라 하나하나 문자화하여 눈으로 보고 확인하면 좋다. 그런 다음 정확하게 인식하고 미래를 구상한다.

나는 주로 미완성인 일을 처리할 때 돈(대출 등)이나 업무 환경(복잡한 파일이나 자료), 가족(대화 부족), 회사 동료(상사, 부하, 동료와의 관계), 고객(실패, 실수, 빚)의 5가지 관점에서 기입한다.

2. 발상을 전환하지 못한다

만약 목표를 세우면 반드시 성공한다고 가정하면 올림픽에 나가는 모든 선수들이 금메달을 딸 수 있을 것이다. 그러나 그런 일은 절대 일어나지 않는다. 금메달을 따려면 실력은 물론 운도 따라야 하고, 준비 과정, 주변 환경 등 여러 가지 요인이 작용해야 한다. 그리고 오직 단 한 사람만이 금메달을 손에 넣을 수 있다. 이처럼 목표를 세운다고 해서 모두 실현되는 것은 아니다. 올림픽에서 금메달을 따는 사람은 한 명으로 정해져 있기 때문에 극단적인 예라고 할 수도 있지만 말이다. 이에 비해 우리가 지향하는 비전은 그 허용 범위가 상당히 넓다. 즉 실현될 가능성이 상당히 높다는 것이다.

대부분의 사람들은 비즈니스를 함에 있어 목표를 먼저 설정해 놓고 달성하려고 한다. 하지만 중간에 포기하고 싶은 유혹을 느끼는 것은 당연하다. 이것은 머릿속에 '나는 할 수 없다'는 장벽을 설치하는 것과 같다. 이 장벽은 '할 수 없는 이유'가 된다. 게다가 이 장벽은 사람에 따라

 큰 꿈을 실현하기 위한 5가지 작은 습관 성공 노트술

매우 다양하다. 어떤 사람은 돈이 장벽으로 작용해 '그걸 하려면 돈이 필요한데, 돈이 없어서 못하겠다'고 생각하기도 하고, 또 어떤 사람은 경험이 장벽이 되어 '경험이 부족해서 할 수 없다'고 생각할 수도 있다. 때로는 시간이 장벽이 되어 '시간이 없어서 할 수 없다'고 생각하기도 한다.

'나 역시 그런 이유를 들어 스스로 한계를 두고 있었군!'

독자 여러분 중에 이렇게 생각하는 사람이 있다면 당신은 매우 정직하다. 그러나 이제 이런 고정관념은 없애 버려야 한다. 여기서 장벽을 없애는 비결을 하나 소개하도록 하겠다.

먼저, 자신이 할 수 없다고 생각하는 이유가 무엇인지를 정확히 인식해야 한다. 예를 들어 '그것을 할 수 없는 이유는 돈이다'라고 생각했다면 그 다음에는 구체적으로 '얼마가 필요한가?'를 스스로에게 묻는다.

우리는 꿈을 실현하는 데 구체적으로 얼마만큼의 돈이

필요한지를 모른다. 그럼에도 불구하고 처음부터 돈이 없어서 할 수 없다는 생각에 시도조차 하지 않는다. 이렇게 거의 반사적으로 돈이 없어서 할 수 없다고 단정하는 행위는 어떻게 설명해야 할까? 그러나 구체적으로 얼마가 필요한지를 파악한다면 의외로 쉽게 대책을 세울 수 있다.

3. '할 수 없는 이유'를 극복하지 못한다

비전을 종이에 적은 다음 그것을 어떻게 실행할지를 생각하는 사람은 방법론에 대한 이미지가 즉시 떠오르지 않으면 거기서 멈춰 버리는 경우가 많다. 이런 사람에게는 다음의 방법을 권한다.

먼저 '비전과 방법론을 분리해서 생각'하는 것이다. 그리고 또 하나는 '목표에서부터 역 발상을 하여 그 과정을 설계하는 연습을 하는 것'이다. 그리고 이 2가지 과제를 극복하려면 스스로에게 다음과 같은 질문을 던져 본다.

'만약 이 종이가 기입한 모든 것을 실현해 주는 마법의

 큰 꿈을 실현하기 위한 5가지 작은 습관 성공 노트술

종이라고 한다면 나는 여기에 무엇을 기입할 것인가?'

그리고 그것을 기입한 다음에는 다음의 두 번째 질문을 한다.

'그것을 실현하기 위해서는 어떤 조건이 갖춰져야 하는가?'

이 두 번째 질문이 바로 '비전 실현을 위한 조건 탐색'이다. 이에 대답함으로써 앞에서 말한 '할 수 없는 이유'를 제거할 수 있다. 이렇게 했음에도 불구하고 만약 그 해답을 얻지 못했다면 비전 지도와 그것을 실현하기 위한 조건을 기입한다. 그런 다음 그것을 신뢰할 수 있는 사람에게 보여 주고 조언을 듣는 것이다. 관련 서적을 읽거나 세미나에 참석해 도움을 얻는 것도 좋은 방법이다.

"당신 대신 당신의 비전을 실현할 사람이 이 세상 어딘가에 존재한다고 생각하는가?" 라는 질문에 "A씨라면 그렇게 할 수 있을 겁니다"라고 대답했다고 하자. 이것은 어딘가에 꿈을 실현할 수 있는 아이디어가 반드시 존재한다는 것을 의미한다. 경우에 따라서는 이처럼 대전제로 돌아와 생각해 보는 것도 매우 유용하다. 그런 다음 자신만의 아이디어를 구상하면 된다.

어차피 우리는 그 아이디어를 혼자 생각하지 않아도 된다. 우리가 해야 할 일은 비전 지도를 작성하고, 지나가는 길을 만들고, 실행하는 것뿐이다.

 큰 꿈을 실현하기 위한 5가지 작은 습관 성공 노트술

짧은 시간에 즐겁게
비전을 그릴 수 있는 방법

이 책을 친구와 함께 읽는다고 가정하고 한 가지 제안을 하겠다. 7분 내에 기입한 각자의 비전 지도를 서로 보여 주고, 2분 동안 서로 짧게 설명해 보라. 2명이 한 조가 되어도 좋지만 다른 사람의 비전을 들으면 더욱 자극이 되므로 가능하면 3명이 한 조가 되는 것이 좋다. 실제로 이런 연습을 해 보면 다양한 생각이 들 것이다.

내가 처음 클라이언트나 세미나 참가자들에게 이것을 실행해 보고 깨달은 것은 '그래! 비전이란 이렇게 짧은 시간에도 적을 수 있는 거구나' 라는 생각이었다. 전부 적지는 못했지만 10분도 안 돼서 70% 정도를 적을 수 있었다.

그리고 파트너와 1~2분 정도 짧은 시간 대화를 나누며 미처 기입하지 못한 부분이 떠오를 때마다 추가해 넣었다. 이런 식으로 하니 10분 만에 비전 지도를 거의 다 채울 수 있었다. 시간이 별로 많이 걸리지 않는다는 것을 깨닫고는 '이렇게 짧은 시간 동안에 할 수 있는 일을 지금까지 왜 하지 않았을까?' 라는 생각이 들었다.

내가 컨설팅을 맡고 있는 회사 가운데 한 곳은 늘 회의 시작 전에 10분간 두뇌 체조를 실시한다. 그 짧은 체조 시간이 회의 분위기를 고조시켜 준다. 게다가 매달 회의를 열기 때문에 군이 비전과 같은 큰 주제가 아닌 '이 달에 도전하고 싶은 것', '이 달에 실천한 것' 등을 주제로 마인드 맵을 적는다. 이때 비전의 관점으로 정하는 것은 '사원들을 대상으로 실행해야 할 일', '고객을 위해 실행해야 할 일', '회사 운영을 개선하기 위해 실행해야 할 일', '가족을 위해 실행해야 할 일', '개인적으로 실행해야 할 일' 의 5가지로 정리할 수 있다.

이것을 5분 내에 적고, 3명이 한 조가 되어 서로 비전을

 큰 꿈을 실현하기 위한 5가지 작은 습관 성공 노트술

이야기하는 것이다. 이렇게 상대의 비전을 공유하는 과정에서 활력이 점점 솟아난다. 게다가 각자 정성 들여 적은 것이기 때문에 단순히 적는 데만 머물지 않고 다른 사람에게 보여 주고 싶은 충동도 생긴다.

중요한 것은 이야기를 들어줄 상대가 있어야 한다는 점이다. 비전을 공유하는 데는 가족이나 친구, 회사 동료, 선배, 그 누구라도 좋으므로 함께 이야기할 수 있는 기회를 만드는 것이 좋다.

비전 지도 활용법 

- 항상 가방에 넣어 가지고 다니면서 의지를 다지고 싶을 때 꺼내 본다. 커피숍 같은 데서도 쉽게 꺼내 볼 수 있도록 파일로 정리해 두면 더욱 좋다.
- 뜻이 통하는 친구가 있거나 자신에게 관심이 있는 사람과 대화할 때 비전 지도를 보여 주고 자신의 비전을 전할 수 있다. 상대가 공감한다면 더욱더 자신감이 생긴다.
- 평소에 관계를 돈독히 하고 나를 보여 주고 싶다고 생각했던 사람이 "당신은 어떤 계획을 갖고 있나요?"라고 질문해

왔다고 생각해 보자. 이럴 때 비전 지도를 꺼내 당신의 비전을 설명하면 좋다.

"왜 비전을 만들고 실현하려고 노력해야 하는가?"

이런 질문을 받으면 나는 다음과 같이 대답한다.

"비전을 추구한다는 것은 자기 자신을 성장하게 하는 가장 즐거운 수단이기 때문이다."

사람이 성장하면 정신적 수준을 높일 수 있고, 미지의 세계를 조망해 볼 수도 있다. 그동안 마음속으로만 동경해 온 매력적인 사람을 만날 수도 있다. 이것은 사람의 마음을 설레게 할 뿐만 아니라 나를 성장하게 하는 원동력이 되기도 한다. 여기까지가 바로 제1의 습관인 '비전을 갖고 지속하는 습관' 이다.

긍정적 자기 암시(Affirmation)로 자신감을 붙인다
– 흔들리지 않는 자아를 확립하는 습관

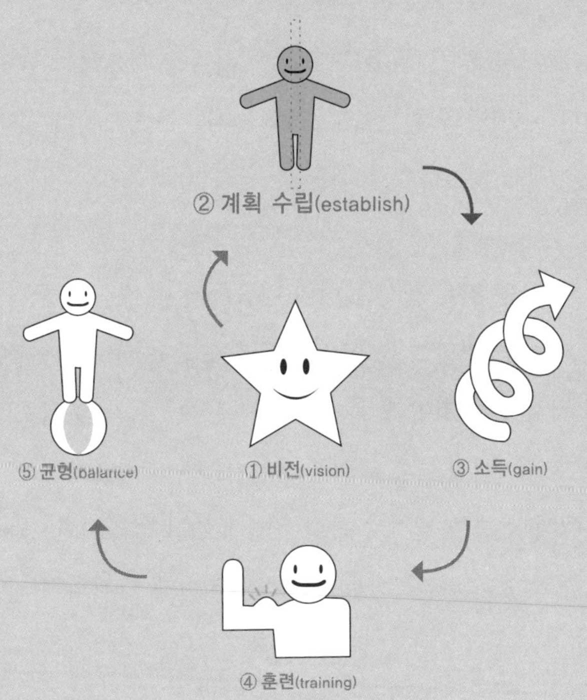

제2의 습관은 '흔들리지 않는 자아를 확립하는 습관'
이다. 즉, 진심으로 납득할 수 있는 내 '본연의 모습'을 명
확히 하는 것이다.

제1장을 읽은 당신은 이미 마음속에 비전을 갖게 되었
을 것이다. 그리고 그 속에는 당신이 하고 싶어하는 일들
이 적혀 있을 것이다. 하지만 인생에서는 '무엇을 할 것인
가?' 보다 '어떤 나를 확립할 것인가?' 가 더 중요하다.

앞서 소개한, 필자가 독립 초기에 겪은 클라이언트와의
갈등도 좋은 예라고 생각한다. 결국 그때 당시의 수입에

연연하지 않고 '어떤 존재가 되려고 하는가' 라는 자세를 유지함으로서 나를 성장시키고 능력을 쌓아 나갈 수 있었다.

유명한 경영 컨설턴트인 우메타니 씨는 이렇게 말했다.

"나는 어떻게 실행할 것인가(how to do)를 가르치지 않는다. 어떤 존재가 될 것인가(how to be)가 더 중요하기 때문이다. 이것만 제대로 익힌다면 구체적인 실행 방법은 나중에 언제라도 깨달을 수 있다."

나는 이 말에 전적으로 동의한다. 어떻게 실행할 것인가(how to do)라는 문제 이전에 어떤 존재로 남을 것인가(how to be)에 초점을 맞춰야 한다.

당신이 동경하는 사람은 어떤 가치와 어떤 사고방식, 또 어떤 태도와 행동, 언행, 표정, 분위기를 갖고 있는가? 어떤 문제에 휘말려도 동요하지 않을 수 있고, 항상 당당한 수도 있고, 항상 밝은 표정을 지을 수도 있다. 이런 사람이 주변 사람들의 동경을 받는 이유는 자신만의 확고한 '본연의 자세' 를 유지하기 때문이다.

예를 들어 어떤 젊은이가 물에 뛰어들어 익사 직전에 있는 아이를 구했다고 다고 하자. 사람들이 이 젊은이에게 감동을 받는 이유는 아이를 어떻게 구했느냐가 아니라 아이를 구하려는 젊은이의 모습, 즉 '본연의 자세' 때문이다.

다른 예도 있다. 어떤 경영자가 늘 일에 쫓겨 바쁜데도 불구하고 정기적으로 가족과 함께 여행을 떠난다고 하자. 사실, 바쁜 그가 가족과 함께 여행을 떠난다는 사실만으로도 훌륭하다. 가족과 함께하려는 그의 마음은 아내와 아이들에게도 전해질 것이고, 그 가정의 분위기는 항상 화목할 것이다.

당당하고 멋지고 화끈한 사람을 보면 같은 남자라도 반할 정도로 매력이 느껴진다. 그렇다면 당신이 가장 이상적이라고 생각하는 본연의 자세는 어떤 모습인가?

어느 날 문득 이런 생각이 들었다.
내가 가장 이상적이라고 생각하는 본연의 자세를 문서

 큰 꿈을 실현하기 위한 5가지 작은 습관 성공 노트술

화하여 그에 가까워지려고 노력한다면 어떨까? 평소에는 바쁘다는 핑계로 잊고 있었지만 나의 이상적인 모습은 과연 어떤 모습일까? 그렇다면 마음속에서 우러나온, 정말로 이런 모습이고 싶다는 본연의 자세를 찾아내 그것을 잊지 않으면 되지 않을까? 라고.

여기서 각자의 유년 시절을 되돌아보자. 그때는 아마 누군가를 가리켜 '저 사람처럼 되고 싶다'는 꿈과 동경이 있었을 것이다. 어쩌면 지금까지 그 꿈을 계속 갖고 있는 사람도 있을 것이다. 하지만 그 꿈을 구체적으로 적어 두고 읽어보는 사람은 많지 않다.

예를 들어 '동료들과는 이런 관계를 유지하고 싶다', '가족 관계는 이렇게 유지해 나가야겠다', '의사 결정을 할 때는 이렇게 하고 싶다' 처럼 상황에 따라 그때그때 취할 태도를 구체적으로 종이에 적어 두는 사람이 있을까? 아마 거의 없을 것이다. 하지만 이렇게 문서화해 두지는 않더라도 바람은 갖고 있을 것이다.

가령 비즈니스나 사생활에서도 의사 결정을 해야 할 때가 많다. 그런데 이때도 이렇게 할 것인지 저렇게 할 것인지를 망설이는 우유부단한 사람이 있는 반면 논리적인 사고로 우선 순위를 고려해 신속하게 결정지어 버리는 사람도 있다. 과연 어느 쪽이 바람직할까? 대부분의 독자는 후자를 선택할 것이다.

우리는 "의사 결정을 내릴 때 어떤 자세를 갖고 행하는가?"라는 질문을 받을 경우, 대부분 그때부터 답을 생각하기 시작한다. 평소에 상황에 따른 이상적인 대응 방법을 구상해 두는 경우는 거의 없다. 이처럼 대부분의 사람들은 미래를 설계하면서 살아가지 않는다. 그러다 보니 의사 결정을 할 때도 우선 순위를 고려해 신속하게 결단하고, 결정한 이상 행동으로 옮기고, 후회하지 않는다는 생각을 하지 않는다. 그 결과 '왠지 그렇게 되고 싶다'는 애매모호한 목표를 갖게 되는 것이다. 그러나 구체적이지 않은 목표는 절대 달성할 수 없다.

나는 비전을 구체화하기 위한 방법으로 '자기 긍정 암

시 노트'를 사용하기로 했다. 이것은 내가 납득할 수 있는 본연의 자세를 찾아내어 그것을 잊지 않도록 만들어 주었다.

자신감은 처음부터 존재하는 것이다

세상에는 두 부류의 사람이 있다. 자신감을 갖고 목표를 향해 행동으로 옮기는 사람과, 자신감을 갖지 못하고 주저하는 사람이 그것이다.

당신은 둘 중 어느 쪽에 속하는가? 가능하면 자신감 넘치고 행동하는 사람이 되고 싶을 것이다. 자신감이 있는 사람이라도 더 큰 자신감을 갖고 싶을 것이다. 이와 동시에 우리는 지나친 자신감 때문에 상대방에게 불쾌감을 주지 않으려고 신경 쓴다. 그러나 이런 상황에서도 내면에 감춰진 자신감, 즉 나의 비전을 뛰어넘을 수 있는 셀프 이미지가 있어야 한다. 이런 자신감을 갖기 위해서는 어떻

 큰 꿈을 실현하기 위한 5가지 작은 습관 성공 노트술

게 해야 할까? 나는 이 문제를 의외로 쉽게 해결했다.

이 문제의 해답은 자신감을 얻을 수 있는 삶의 방식을 상황별로 미리 정의해 두는 데 있었다. 즉 '언젠가는 자신감이 생기겠지'라고 생각해서는 안 된다. 늘 자신감 넘치는 상태를 미리 정해 두어야 하는 것이다.

자신감 넘치는
삶의 방식을 정해 둔다

대부분의 사람들은 지금까지 살아온 방식이나 방향의 연장선상에서 미래를 살아가려고 한다. 예를 들어 도로에서 이쪽을 향해서 걸어오는 사람이 있다고 하자. 이때도 어깨를 들썩이며 씩씩하게 걷는 사람, 그냥 점잖게 천천히 걷는 사람, 어깨를 축 늘어뜨리고 걷는 사람의 3가지 유형이 있다.

이 세 사람이 주변의 영향을 받지 않고 앞으로도 같은 길을 걸어간다고 가정했을 경우 이들이 어떤 방향으로 걸어갈 것인지 상상할 수 있다. 아마도 A는 그냥 그대로 씩씩하게 걸어갈 것이고, B는 안정적으로 걸어갈 것이고, C

 큰 꿈을 실현하기 위한 5가지 작은 습관 성공 노트술

인생의 흐름을 바꾸려면?

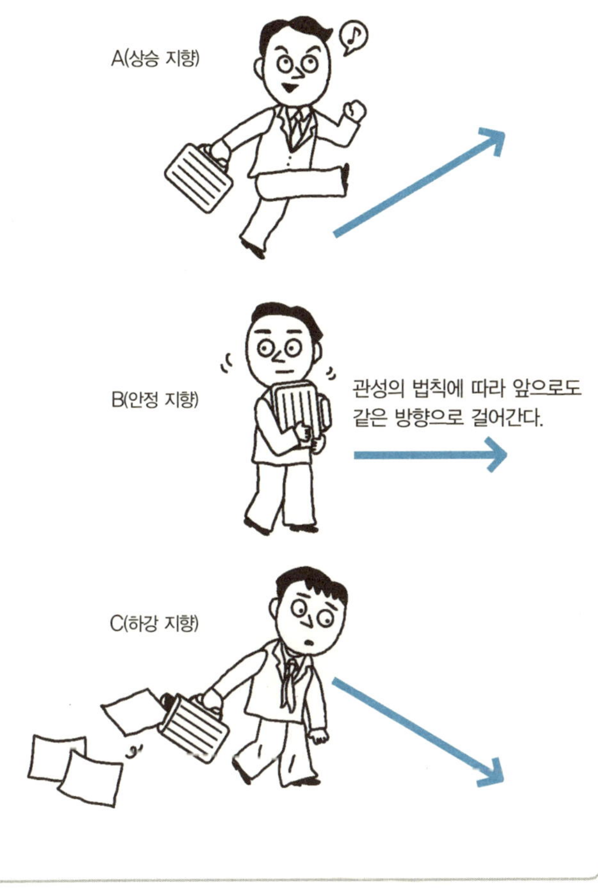

A(상승 지향)
B(안정 지향)
관성의 법칙에 따라 앞으로도
같은 방향으로 걸어간다.
C(하강 지향)

는 더욱 침울하게 걸어갈 것이다. 이런 예측이 가능한 것은 이들에게는 모두 '관성'의 힘이 작용하고 있기 때문이다. 좀 더 논리적으로 설명해 보자.

우리는 이미 물리 시간에 '관성의 법칙'에 대해 배웠다. 잘 알고 있는 대로 '물체가 외부의 작용을 받지 않는 한 현재 상태를 그대로 유지하려는 힘'이 관성이다. 그렇다면 인간을 물체에 비유해 관성의 법칙을 적용해 보자.

어떤 일정한 속도로 나아가는 사람이 외부의 영향을 받지 않는 한 그 사람은 그 속도를 계속 유지하면서 앞으로 나아갈 것이다. 물론 도중에 인생의 전기가 될 만한 사건이 발생하면 그 방향이 바뀔 수도 있다. 그러나 특별한 외부의 작용이 없는 한 애써 방향을 전환할 필요를 느끼지 못하고, 그대로 나아갈 가능성이 매우 크다. 따라서 지금까지 평범한 인생을 살아온 사람이라면 앞으로도 그렇게 살아갈 것이라는 예측이 가능한 것이다. 이는 반대의 경우도 마찬가지다. 당신의 걸음걸이는 어떤가?

만약 당신이 지금까지 걸어온 길의 연장이 아닌 새로운

자신을 만들고 싶다면 어떻게 해야 할까? 지금까지 걸어왔던 길과 단절하면 된다. 즉 관성과 단절해야 한다. 쉽게 말해 외부의 작용 중에서 바람직한 작용을 선택하라는 것이다.

지금까지 어떻게 살아왔건 간에 그것과 단절하기 위해서는 '자신감에 넘치는 나'라는 목표를 설정해야 한다. 그리고 그 시선은 목표를 향해야 한다. 자신감이 떨어져 있는 상태라면 자신감을 가진 이상적인 나로 변화시켜야 한다. 그러기 위해서는 현재의 연장선상에서 미래를 생각할 것이 아니라 지금 당장 자신감에 넘치는 이상적인 나에 대한 정의를 내려야 한다. 그리고 거기에 다가가려는 노력을 해야 한다. 여기서도 그저 막연하게 이미지화할 것이 아니라 구체적인 단어로 정의해야만 한다. 그 과정이 바로 제2의 습관의 주제다.

이제부터는 '흔들리지 않는 자아를 확립'하기 위한 '자기 긍정 암시 노트'를 소개하려고 한다. 이 방법은 우뇌 개발 전문가인 데라시타 씨에게 전수받은 내용을 나름대

 큰 꿈을 실현하기 위한 5가지 작은 습관 성공 노트술

로 정리해 본 것이다. 바로 시도해 보아도 매우 재미있을 것이다.

　나는 이 자기 긍정 암시 노트법에 관해 한층 더 깊은 연구를 했다. 중요한 것은 자신이 원하는 상태를 문자화하여 직접 눈으로 보는 것이다. 눈으로 봄으로써 이상적인 모습과 현재의 차이에 초점을 맞춰 살피면 무의식이 그 차이를 메우기 위해 당신을 자극할 것이다. 즉 전향적인 에너지가 당신에게 지속적으로 공급되는 것이다.

자기 긍정 암시 노트를 만든다

우선 A6 크기의 작은 노트를 준비한다. 노트 제목은 '자기 긍정 노트'라고 적으면 된다. 원래 어페어메이션(Affirmation)이라는 단어는 심리학에서 사용하는 용어지만 최근에는 비즈니스 분야에서도 자주 사용되고 있다. 즉 '긍정적인 자기 선언'이나 '자기 암시' 등을 의미한다. 다양한 분야에 대해 '자신이 어떤 존재가 되고 싶은가?'를 생각해 보고, 노트의 양면을 마주보게 하여 한 문장씩 적는다. 그리고 아침저녁으로 훌훌 넘기면서 읽어 보기만 하면 된다.

실제로 기입하려고 하면 어떤 문장을 적어야 할지 고민

내 클라이언트는
2004년도의
모든 비전과
CF 목표를
쉽게 달성했다!

나는 일본 경기 회복의
주체적인 존재가 되어
각 분야에서
일하고 있는
100명의 친구들과
교류하고 있다!

나는 더욱
튼튼해져서
정신적·육체적으로
건강을 유지하고 있다!

이 될 것이다. 도움을 주기 위해 내가 노트에 적어 두었던 문장을 여기에 소개해 보려고 한다.

　나는 크게 4가지 주제, ① 매일의 자세와 상태 ② 건강 ③ 비즈니스 ④ 가족으로 나누어 펜 색깔을 다르게 하여 기입하고 있다.

내가 이상적으로 생각하는 본연의 모습은?
(2004년판 와니식 자기 긍정 암시 노트에서 발췌)

| 매일의 자세와 상태 |

- 나는 항상 스스로에게 정직하고 당당하게 살아가고 있다.

- 나는 무슨 일이든 정면으로 부닥뜨려 극복해 나가고 있다.

- 나는 솔직하고 쾌활하며, 친밀감 있고 가식 없는 분위기를 풍긴다.

- 나는 크게 성공하기 위해 계속해서 성장하고 있으며, 이 기회를 즐기며 설레는 인생을 살아가고 있다.

- 나는 성공에 필요한 모든 것을 이미 갖추고 있다.

- 나는 아침에 주 3회, 30분 이상 유산소 운동과 근력 운동을 통해 상쾌한 기분으로 아침을 맞이하고 있다.

- 나는 아침에 상쾌한 마음으로 일어나며, 아침부터 에너지를 가동하더라도 전혀 피로를 느끼지 않을 정도로 건강하다.

- 나는 매일 15분간 유연성 운동과 근력 트레이닝을 하며, 가뿐한 상태를 유지하려고 노력하고 있다.

- 나는 주 1회 이상은 소림사 권법이나 에어로빅을 하며 땀 흘리는 것을 즐긴다.

- 나는 매일 아침 신선하고 맛있는 과일을 충분히 섭취하여 활력이 넘친다.

- 내 몸과 마음은 모든 면에서 매일매일 좋아지고 있다.

- 나는 점점 튼튼해지고 있으며 정신적 · 육체적으로 매우 건강한 상태를 유지하고 있다.

- 올해, 나는 3권 이상의 책을 출판하고, 100만 부 이상의 판매고를 올린다.

- 니와 씨가 전략 매니저가 되어 나를 도와줌으로써 내 활동 범위가 큰 폭으로 확대되고 있다.

- 내 비즈니스가 발전하는 상태에서도 여유롭게 레저 시간을 늘려 나가고 있다.

- 나는 지금의 고민이 곧 해결될 것임을 잘 알고 있다.

- 내가 설립한 '비저너리 플래닛'은 치과 업계뿐만 아니라 다른 업계에서도 화제가 되어 주목받고 있다.

- '비저너리 플래닛'을 설립해 유명한 회사로 발전하게 한 나는 비즈니스계의 리더로 인정받고 있다.

- 내가 관리했던 모든 클라이언트는 2004년도의 비전과 수익 목표를 쉽게 달성했다.

- 나는 경기 회복의 주체이며, 100여 명의 서로 다른 분야에서 일하는 친구들과 가식 없는 관계를 유지하고 있다.

- 나는 영어를 듣고 말할 수 있는 뛰어난 회화 실력을 갖추고 있기 때문에 영어를 술술 읽고 자유자재로 구사할 수 있다.
- 나는 가족, 직원, 파트너, 친구 등의 주변 사람들에게 항상 위로와 감사의 말을 건넨다.

| 가족 |

- 나는 교코, 유키노와의 관계를 소중하게 생각하기 때문에 그들의 말을 경청하면서 대화를 즐기고 자주 웃는다.
- 나는 가사나 육아도 즐거운 마음으로 하고, 주변 사람들에게도 존경받는 슈퍼 비즈니스 아빠다.
- 나는 기분 전환을 위해 월 1회 가족과 함께 여행이나 외식, 콘서트 등의 비일상적인 생활을 즐기고 있다.

노트에는 '이렇게 될 수 있다면 정말 좋겠다' 라고 생각되는 내용들을 기입한다. 나는 기입하는 방식에서도 다음의 3가지에 집중하여 연구를 계속하고 있다.

1. 긍정적인 표현을 사용한다.

'~는 하지 않는다'거나 '~는 아니다'라는 식의 표현보다는 '~이다'라는 긍정적인 단어를 사용한다.

2. 현재 진행형 또는 완료형으로 적는다.

어떤 목표를 향해 나아갈 경우에는 이미 달성했다고 스스로에게 암시하듯 '~을 달성했다'는 완료형으로 적는다. 앞에서 말한 대로 '당당하다'라는 말을 '당당하게 있었다'라고 표현하면 지금은 그렇지 않은 것이 되므로 주의해야 한다. 현재 진행형이나 완료형으로 적는 것이 중요하다는 것을 기억하라.

3. 수치화할 수 있는 것은 숫자로 적는다.

'100만 부 이상을 팔았다'처럼 숫자로 적을 수 있는 것은 구체적인 숫자로 기입한다.

④ Good Night
① 아침
③ 저녁
② Good Morning

나는 항상 이 3가지를 의식하면서 자기 긍정 암시 노트를 적고 있다. 그런 다음에는 이 노트를 이렇게 활용한다.

먼저 노트를 머리맡에 놓아둔다. 그리고 잠자기 전에 훌훌 눈으로 훑어본다. 아침에 눈뜨자마자 '또 월요일이 시작되었군'과 같은 부정적인 생각이 떠오르기 전에 노트를 펴서 그냥 훑어보는 듯 읽는다. 그런 다음 침대에서 일어난다. 단지 그것뿐이다.

노트에 적응이 되지 않았을 때는 그냥 적혀 있는 내용을 외우겠다는 자세로 천천히 읽어보는 정도가 좋다. 그러다가 조금 익숙해지면 빠르게 훑어본다. 어느 정도 머릿속에 단어가 들어오면 너무 세세하게 읽지 않아도 되기 때문이다. 그러나 단어가 눈에 들어와 '아하, 그랬군!' 하고 의식하는 순간 그 단어는 무의식 안에서 살아 숨쉰다. 그러면서 차츰 자신이 기입해 놓은 상태로 되어 가는 신기한 일이 일어난다.

이것을 믿든 믿지 않든 당신의 자유에 맡기겠지만 1년 정도 지속하다 보면 그 변화를 실감할 수 있을 것이다.

처음에 단어가 친숙하지 않을 때는 소리내어 읽는 것이 좋다. 옆에 누워서 자고 있는 아내나 남편의 차가운 눈빛을 견딜 수 있다면 그렇게 하는 것이 머릿속에 더 잘 들어온다. 이렇게 하기가 불편하다면 한 번 훑어보는 것만으로도 충분하다. 아무것도 하지 않는 것보다 100배 정도 효과가 더 크다.

새로운 것에 도전하는 습관을 들이기 위해서는 처음부터 너무 어렵지 않게 시작하는 것이 좋다. 예를 들어 읽어내려가는 것 조차 귀찮다면 그냥 훑어보는 것만으로도 충분하다고 생각하고 시작한다. 반대로 뭐든지 다 할 수 있다는 의욕이 넘친다면 좀 더 꼼꼼히 소리내어 읽는 것이 좋다.

성공 철학의 대가인 나폴레옹 힐 박사도 '글을 읽을 때 감정을 넣어 읽게 되면 그 단어가 무의식 속으로 들어와 효과를 낸다' 고 말했다.

 큰 꿈을 실현하기 위한 5가지 작은 습관 성공 노트술

주변 사람과 환경에 세뇌당하지 않는 방법

주변 사람이나 환경에 좌우되지 않고 나 스스로 납득할 수 있는 구체적인 자기 긍정 암시 노트를 만들려면 어떻게 해야 할까? 자기 긍정 암시 노트를 작성하는 이유는 앞으로 어떤 내가 되려고 하는지 그 목적을 명확히 하기 위함이다.

나는 어떤 방식으로 자기 긍정 암시를 하고 있는지 다음의 5가지 목적으로 정리해 소개하겠다.

1. 이런 본연의 모습이 되고 싶다는 동경 상태를 만든다

'나는 항상 나 자신에게 당당하고 정직하게 살고 있

다.'

'나는 무슨 일이든 정면으로 부닥뜨려 극복해 나가고 있다.'

나는 이런 본연의 모습이 되고 싶다는 생각에서 자기 긍정 암시 노트를 적고 있다. 이처럼 동경하는 상태에 대한 자기 긍정을 적는 것이 첫 번째 목적이다.

2. 깜빡하거나 잊기 쉬운 것들을 생각해 의식하는 상태를 만든다

많은 사람들이 그렇겠지만 나 역시 건강 관리에 소홀한 경우가 많다. 이렇게 잊기 쉬운 부분에 대해 의식하는 상태를 만들기 위해 자기 긍정 암시 노트를 적는다.

예를 들어 '나는 주 3회, 30분 이상 아침에 유산소 운동과 근력 강화 트레이닝을 통해 상쾌한 기분으로 아침을 맞이하고 있다' 처럼 말이다. 물론 이것을 제대로 실행하는 날도 있고 하지 못하는 날도 있다. 하지만 잘하고 있다면 굳이 적을 필요가 없을 것이다.

비록 지금은 습관화되어 있지 않지만 앞으로 반드시 습관들이고 싶은 내용을 적어 두고 잊지 않으려는 노력의 하나다. 이처럼 잊기 쉬운 것을 떠올리기 위함이 자기 긍정 암시 노트의 두 번째 목적이다.

3. 상식의 벽을 뛰어넘는다

내가 만약 "비전을 실현한다는 것이 두려운 나머지 자신에게 스스로 브레이크를 걸고 있지는 않습니까?"라는 질문을 했다고 가정해 보자. 이에 대해 당신은 "그럴 리가 없어요"라고 말할지도 모른다. 나 역시 처음에는 그렇게 생각했다.

그러던 어느 날, 이런 생각이 들었다. '이렇게 적고 있는 목표와 비전이 막상 실현되는 것을 내 마음속 어디엔가 두려워하고 있는 것은 아닐까?', '어떤 것을 두려워한 나머지 무의식적으로 비전에 도달하지 않도록 브레이크를 걸고 있는 또다른 내가 존재하는 것은 아닐까?' 라고. 그리고는 깨달았다.

'그렇구나. 비즈니스가 잘되면 사생활을 즐길 여유도 그만큼 줄어들겠군. 그러면 가족과 함께 보내는 시간도 없어지고, 여가를 즐길 시간도 없어질 거야. 그러면 무미 건조한 생활을 하게 될지도 몰라.'

바로 이런 생각들이 내 무의식 속에 잠재되어 있으면서 비전이 실현되는 것을 방해하고 있을지도 모른다는 생각이 들었다. 이에 나는 다음과 같은 말을 나의 자기 긍정 암시 노트에 추가하기로 했다.

'아무리 비즈니스가 잘되더라도 여유를 잃지 말자. 내가 여가를 즐길 시간은 점점 더 늘어나고 있다.'

이렇게 새로운 목표가 생겨나자 기분이 한결 가벼워졌다. 제1의 습관에서도 언급했듯이 '정말로 비전이 실현될까?'라며 가슴 한 구석에 불안한 마음을 갖고 있는 사람은 그것을 극복할 수 있는 자기 긍정 암시를 적는 것이 좋다. 예를 들면 다음과 같다.

'내가 반드시 실현하고 싶다고 생각해 노트에 적어 둔 것이 최적의 시기에 실현되리라는 것을 알고 있다.'

이처럼 비전이 실현되는 데 브레이크를 거는 무의식의 공포가 무엇인지를 생각해 보고, 그것을 극복하기 위한 자기 긍정 암시를 반드시 적어 두도록 하자.

4. 슈퍼 비즈니스 아빠를 목표로 하라

가족과 함께하려는 노력이 부족하다고 생각한 나는 노트에 이렇게 적어 넣었다.

'나는 가사나 육아도 즐거운 마음으로 하고, 주변 사람들에게도 존경받는 슈퍼 비즈니스 아빠다'라고. 그러나 현재의 나는 그렇지 못하다. 그래서 이 문장만은 가족들에게 보여 주지 않았다.

특히 몇 개월 전까지만 해도 나는 가사나 육아에는 전혀 관심이 없는, 아니 거의 무관심하다시피한 상태였다. 집안일은 아내가 도맡아 처리했고, 나는 일에만 몰두하며 살았다. 쓰레기 분리 배출에 대해서도 여러 번 듣기는 했지만 금방 잊어버렸다. 결국 아내가 아이를 낳기 위해 병원에 입원했을 때는 세탁기 사용법을 몰라 빨래를 잔뜩 쌓아 둘 수밖에 없었고, 식기 세척기 사용법을 몰라 손수 설거지를 하기도 했다. 그런 나에게 아내는 이렇게 말했다.

"당신은 비즈니스 면에서는 어떨지 모르지만 생활 면에서는 빵점이에요!"

이 말에 내가 웃고 넘어갈 수 있었다면 큰 문제가 되지 않았을 것이다. 그러나 이렇게 가사와 육아에 무관심한 채로 살다 보면 머지않아 일과 가정의 균형이 모두 깨져 버릴 것 같다는 생각이 들었다. 특히 내 경우는 육아와 관련해 주의해야 할 것이 많았다.

과거에는 육아는 아내가 전담하고, 남편은 일에만 힘을 쏟아붓는 것이 당연하다고 생각되었다. 그러나 요즘 세상에서 그런 사고방식은 더 이상 통용되지 않는다. 핵가족 시대다 보니 심지어 이웃과 전혀 왕래하지 않는 일도 빈번하다. 이 때문에 딱히 주변에 의지할 사람이나 고민을 들어줄 상대가 없는 젊은 주부의 경우 익숙하지 않은 육아 문제 때문에 어려움을 겪는다고 한다. 이제는 남편도

 큰 꿈을 실현하기 위한 5가지 작은 습관 성공 노트술

육아 문제를 진지하게 생각해 봐야 할 때인 것이다.

이전에 잠시나마 아내를 쉬게 해 주려고 일일 육아를 담당해 본 적이 있다. 짧은 경험이었지만 그때 느낀 것은 바로 '아이를 돌본다는 것이 이렇게 힘든 일이었구나. 내 일에는 전혀 신경을 쓸 수가 없군' 하는 마음이었다. 몸도 지쳤지만 마음도 지쳤던 것이다. 그때까지만 해도 아이를 돌본다는 것이 그렇게 힘든 일인 줄 모르고 '육아는 아내의 일'이라고 무관심했던 나는 통렬히 반성하며, 자기 긍정 암시 노트를 꺼냈다. 그리고는 나의 약점을 보완하기 위해 다음과 같은 항목을 추가해 넣었다.

'나는 기분 전환을 위해 월 1회 가족과 함께 여행이나 외식, 콘서트 등의 비일상적인 생활을 즐기고 있다.'

물론 바로 이렇게 될 수 있다면 좋겠지만 잘 알다시피 이것은 쉬운 일이 아니다. 모든 일에는 순서가 있기 때문이다.

지금으로부터 3년 전, 나는 '4개월에 한 번씩은 여행을 떠난다'라는 목표를 세웠다. 그 전까지만 해도 가족과 함께 여행을 가는 일은 거의 없었다. 그도 그럴 것이 독립해서 몇 년간은 마음의 여유가 전혀 없었다. 그랬기에 4개월에 한 번 정도는 가족과 여행을 가겠다는 목표를 세웠던 것이다.

그러던 것이 2년 전부터는 3개월에 1회로 횟수가 늘었고, 작년부터는 2개월에 한 번으로 1년에 총 6회가 되었다. 그리고 올해는 한 달에 한 번꼴로 여행을 떠날 것이다.

이렇게 일을 단계적으로 해 나가면 처음에는 달성하기 어려울 것이라고 생각했던 목표도 쉽게 실현할 수 있다. 물론 이때는 지나치게 과도한 목표를 설정하지 않는 것이 중요하다. 예를 들어 '나는 세계 최고의 부자가 될 것이다' 처럼. 세계 최고의 부자라는 이미지는 잘 떠오르지도 않을 뿐만 아니라 지금은 그렇게 되어야 할 필요성도 느끼지 못하고 있기 때문이다.

중요한 것은, '크지만 달성 가능한 목표'를 적는 것이다. 그리고 그것은 당신의 취약한 부분을 강력하게 보완해 줄 자기 긍정 암시가 될 것이다.

5. 큰 야망을 갖고 성장을 가속화하자

성장을 가속화한다는 취지에서 대담한 목표를 적는 경우가 있다. 예를 들어 '올해, 나는 3권 이상의 책을 출판하고, 100만 부 이상의 판매고를 올린다' 처럼. 그러나 나는 이 문장을 적고 나서 처음부터 '어려울 것이다' 라는 생각을 했다. 그러면서도 '이렇게 되려면 어떻게 해야 할까?' 라는 상상을 했다.

하지만 '100만 부를 거뜬히 돌파하려면 해야 할 일이 상당히 많겠군. 내용이 좋아야 하는 것은 물론이고, 주변 사람들에게 많은 도움을 받아야겠지. 지금까지 혼자서 해 왔던 일의 범주를 넘어선 발상이니까!'

이렇게 생각하자 또다른 나를 본다는 설렘이 생겼다. 나는 성장을 가속화한다는 의미에서 이런 내용을 적었다.

'나는 경기 회복의 주체이며, 100여 명의 서로 다른 분

야에서 일하는 친구들과 가식 없는 관계를 유지하고 있다.'

내 주변에 어떤 친구를 둘 것인가 하는 것은 풍요로운 삶을 살아가는 데 있어 매우 중요한 요소다. 주변에 플러스적 사고를 하는 사람이 있으면 마이너스 사고를 하는 사람이 있는 것에 비해 성장 속도에서 큰 차이가 난다. 게다가 우리가 생각하는 것과는 달리 다른 분야의 친구들은 업계 특유의 고정관념을 적용하려 하지 않는다. 오히려 자신이 잘 모르는 다른 업계에 궁금증을 보이거나 말을 걸어오기 때문에 새로운 정보와 지식도 얻을 수도 있다.

언제가 공예품을 만드는 예술가, 가수, 프로 스포츠 선수 등 일상적으로 만나기 어려운 분야의 사람들과 함께할 기회가 있었다. 서로 분야는 달랐지만 각 분야에서 열정적으로 일하는 사람들과 대화하다 보니 분위기가 신선했음은 물론 새로운 것도 깨달을 수 있었고, 마치 온몸의 세포들이 꿈틀거리는 듯한 자극도 받았다. 그때 나는 다음과 같은 다소 과장된 내용을 노트에 적었다.

 큰 꿈을 실현하기 위한 5가지 작은 습관 성공 노트술

'쉽게 알아들을 수 있고 능란하게 말할 수도 있으며, 술술 읽을 수 있어서 영어를 자유자재로 구사하고 있다.'

물론 앞으로 이렇게 되고 싶다는 것일 뿐 현재 그렇다는 것은 아니었다. 그러나 사람은 '되고 싶은데……'라고 생각하면 실제로 그것을 달성하려고 행동과 노력을 하게 된다. 나는 결국 1년 안에 60분 동안 영어로 경영 세미나를 하겠다고 결심했다. 이 목표 역시 자기 긍정 암시를 적고 난 뒤에 결정한 일이다. 그렇게 비즈니스에서 영어를 활용해야겠다고 결심한 지 몇 개월이 지난 어느 날, 알고 지내던 사람에게 해외 비즈니스를 해 보라는 제의를 받았다. 순간 가슴이 요동치기 시작했다. 이처럼 내가 지향하는 것에 대한 상태를 명확히 하면 그곳에 도달하는 데 걸맞은 목표를 발견할 수 있고, 또 그 목표를 달성해 줄 계획도 만들어진다.

나만의 긍정적 자기 암시 노트를 만든다

자기 긍정 암시 노트를 만드는 방법은 간단하다. 노트를 펼쳐서 오른쪽 페이지에 하나씩 적으면 되는 것이다. 단, 앞서 밝힌 대로 '긍정적인 표현'을 하고, '현재 진행형 또는 완료형'으로 쓰고, 숫자로 기입할 수 있는 것은 '숫자로 기입'하면 된다. 글씨는 가능하면 크게 쓰는 것이 좋다. 글씨 크기가 작아서 읽는 데 불편하면 자칫 소홀해질 수 있기 때문이다. 컬러 펜을 이용해 적으면 더욱 읽기가 편하다. 나는 건강에 관한 내용은 분홍색, 상태에 관한 것은 오렌지색, 비즈니스에 관한 것은 파란색, 가족에 관한 내용은 빨간색으로 구분해서 사용하고 있다.

 큰 꿈을 실현하기 위한 5가지 작은 습관 성공 노트술

처음에는 자기 암시를 위한 문장이나 단어가 몇 개 안 되더라도 상관없다. 5개도 상관없고, 10개여도 상관없다. 비록 거창한 내용은 아니더라도 지금 당장 시작할 수 있는 것이 당신의 인생에 변화를 가져오기 때문이다. 책이나 잡지, 아니면 다른 사람과의 대화를 통해서도 노트에 추가할 내용을 얻을 수 있다. 그렇게 해서 얻은 것들을 하나하나 자기 긍정 항목에 추가해 나가면 된다. 그러면 머지않아 빼곡한 자기 긍정 암시 노트가 완성될 것이다.

자기 긍정 암시 노트 만드는 법 

- 자기 긍정 암시 노트는 곧 '긍정적인 자기 암시'를 말한다.
- 각 분야별로 본연의 자세를 생각해서 노트의 양면이 마주보는 두 페이지당 한 문장씩 적는다.
- 분야별로 색상을 구분해 적는다.
- '이런 내가 된다면 최고로 멋있겠다'고 생각되는 것을 적당하게 표현(① 긍정적인 단어 ② 현재 진행형 또는 완료형 ③ 수치화)한다.

- 노트를 침대 머리맡에 놓아둔다.

- 그것을 잠들기 전에 30초~1분 정도 훑어본다. 가능하면 소리내어 읽는다. 그런 다음 잠을 청한다(내용이 머리에 들어올 때까지 꼼꼼하게 읽는 것이 좋다).

- 아침에 눈을 떠서 머리맡에 놓아둔 노트를 집어 30초 정도 훑어본다. 가능하면 소리내어 읽는다. 그리고 자리에서 일어난다.

- 매일 가벼운 마음으로 이것을 반복한다. 처음에는 변화를 실감하기 어렵더라도 의심해서는 안 된다. 멋진 1년 뒤를 기대하면서 말이다.

성공 다이어리를 활용하여 단숨에 성공하다
– 실적을 자신감으로 연결하는 습관

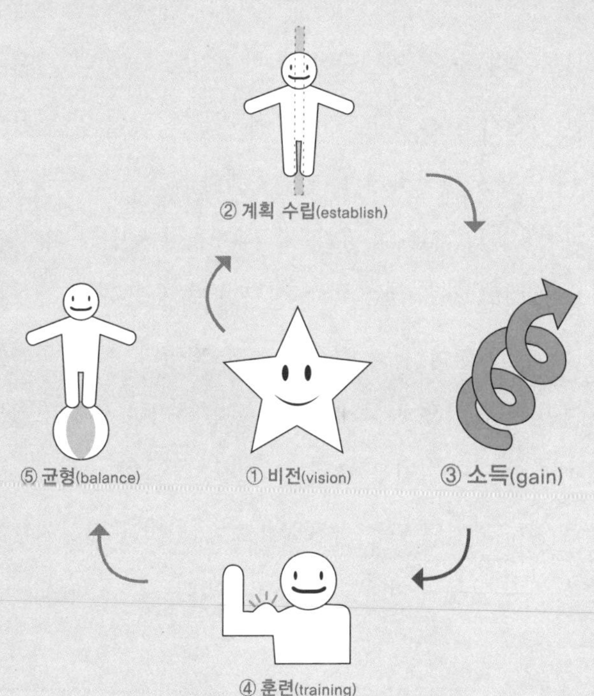

미팅에서의 침묵,
상대방에 대한 예의일까? 자신감의 상실일까?

사회 생활을 한 지 3년이 될 때까지도 나는 나 자신에 대한 자신감이 없었다. 그 때문에 다른 사람이 앞에 있으면 내 의견을 당당하게 말하지 못했다.

한번은 이런 일도 있었다. 지금은 내 아내가 된 여자 친구와 그녀의 친구, 그리고 그 친구의 남자 친구인 사토 씨와 함께 네 명이 저녁 식사를 하게 되었다. 사토 씨와는 초면인 탓에 처음에는 가벼운 질문을 하거나 상대의 질문에 대답하면서 시간을 보냈다. 그 당시만 해도 영업 사원으로 일하고 있던 나는 습관적으로 내 의견을 말하기보다는 상대의 말을 들어주는 경향이 있었다.

그날도 평소처럼 사토 씨의 이야기를 충실하게 듣고만 있었다.

약 2시간 동안 사토 씨는, 자신이 지금 회사에서 얼마나 열심히 일하고 있으며, 또 그의 미래는 어떻게 될 것인지에 대해 이야기했다. 옆에 앉아 있던 여자 친구도 자신 있게 미래를 설계하는 자신의 남자 친구에게 믿음이 갔는지 매우 흐뭇한 표정을 짓고 있었다. 그런데 레스토랑을 나와 이들 커플과 헤어진 뒤 내 여자 친구의 표정을 보니 어두워 보였다. 왜 그러냐고 물었을 때 내 여자 친구는 약간은 껄끄러우면서도 조심스러운 표정으로 말을 꺼냈다.

이야기의 핵심은, 왜 그 사람의 이야기를 듣고만 있었으며, 왜 나의 생각을 자신 있게 표현하지 않느냐는 것이었다. 그러면서 여자 친구로서 옆에 앉아 있기가 얼마나 민망했는지 아느냐고 물었다. 생각지도 못한 여자 친구의 말에 나는 충격을 받았고, 그저 상대의 이야기를 듣고 싶었을 뿐이라는 변명을 하고 말았다.

그 순간 내 마음속에서 무언가가 솟구쳐 오르는 것이

느껴졌다. '그래, 나는 분명 주눅이 들어 있었던 거야!'

그때부터 나는 언제든지 내 생각을 당당하게 말할 수 있는 자신감을 갖기로 결심했다.

나를 응원할 수 있는가?
– 근거 있는 자신감을 갖는 방법

이제 제3의 습관인 '실적을 자신감으로 연결하는 습관' 이다.

자기 자신에게 근거가 확실한 자신감을 갖게 해 줄 방법이 있다면 얼마나 좋겠는가. 나는 이 점에 대해 좋은 방법이 없을까를 오랫동안 궁리한 끝에 결국 내 나름의 확신을 가질 수 있었다. 그것은 바로 기록으로 남기는 것이었다.

성공한 사람들에게서 찾아볼 수 있는 공통점의 하나는 바로 항상 자신감이 넘친다는 것이다. 성공한 사람들은 품격이 있을 뿐만 아니라 표정에서도 자신감이 넘친다. 그렇다면 이들은 어떻게 그런 자신감을 가질 수 있었을까?

그들은 자신감을 갖기에 충분한 실력이 있고, 또 스스로도 그 점을 자각하고 있다. 그 실적이라는 것은 처음에는 대단하지 않아도 아무 상관이 없다. 성공을 해 본 사람들은 더 높은 성공을 바라고, 또 작은 성공을 반복함으로써 마침내는 큰 성공을 경험한다. 결국 작은 성공 경험이라도 기록하고, 잊지 않는 것이야말로 큰 꿈을 실현하는 비결인 것이다.

당신은 일상에서 다양한 성공을 체험하고 있다. 고객을 기쁘게 해 주었다거나 상사에게 칭찬을 받았다거나 영업 실적이 향상되었다거나 하는 일이 모두 성공 체험이다. 이런 성공 체험은 모두가 일상적으로 경험하는 것들이다. 아내의 생일날 꽃다발을 선물했더니 평소에는 무뚝뚝했던 아내가 너무 밝아졌다는 얘기처럼 사소한 일도 작은

 큰 꿈을 실현하기 위한 5가지 작은 습관 성공 노트술

성공 체험의 범주에 들어간다. 이처럼 사소한 성공 체험 뒤에는 '참 기분이 좋았다' 라는 느낌이 남는다. 그러나 문제는 다음 날이 되면 금세 잊혀진다는 것이다. 그리고 일주일이 지나면 완전히 기억 속에서 사라져 버린다. 성공 체험 그 자체는 기억할지 모르지만 당시의 감동은 되살아나지 않는 것이다.

아무리 작은 성공 체험이라도 기록해 두고 잊어버리지 않는 것, 이것이야말로 더 큰 성공을 체험하기 위한 비결임을 기억하라.

단 1년 만의 급성장 비결

성공 체험을 쌓으면서 그것을 자각하게 되면 어느 순간 자신감이 붙어서 성장이 가속화된다. 그렇다면 더 큰 성장을 위해서는 어떻게 하는 것이 좋을까? 이에 대한 해답은 의외로 간단하다. 그 답을 알려 주기 전에 먼저 독자 여러분께 질문을 하나 던지겠다.

일단 어제에 비해 당신의 능력을 0.5% 향상시킬 수 있다고 가정해 보자. 지식, 기술, 체력 등등 어떤 것이라도 좋다. 그러면 오늘의 나는 어제의 나보다 능력이 0.5% 향상되었다. 어제가 100이었다면 오늘 나의 능력은 100.5%가 된 것이다. 이 정도쯤은 당신도 할 수 있다고 생각하는

 큰 꿈을 실현하기 위한 5가지 작은 습관 성공 노트술

가? 만약 성장에 대한 욕구가 강한 사람이라면 충분히 할 수 있다고 대답할 것이다. 나 역시 가능하다고 생각한다. 그렇다면 내일도 오늘보다 0.5% 더 성장할 수 있다고 생각하는가? 대답하기가 다소 망설여질 수 있지만 역시 대부분 '그렇다' 라고 대답할 것이다.

자, 그렇다면 여기서 또다시 0.5% 만큼 계속해서 성장해 나갈 수 있는가? 이제 내 질문의 의도를 파악했을 것이다. 여기서 다시 질문을 하겠다.

| 질문 |

> 만약 매일 자신의 능력을 0.5%씩 지속적으로 향상시켜 나간다고 가정했을 경우 365일, 즉 1년이 지난 뒤에 당신의 능력은 몇 배나 성장해 있을까? 계산기를 두드리지 말고 직감적으로 대답해 보기 바란다.

처음 100으로 시작한 사람은 그 다음날은 100.5가 되고, 그 다음 날은 여기에 0.5%를 더한 만큼 성장한다. 이것이 365일 동안 지속되었다고 가정하자. 하루를 할 수 있는 사람은 이틀을 할 수 있을 것이고, 이틀을 할 수 있는 사람은 3일을 할 수 있을 것이다. 이렇게 계속해 나가는 것이다. 이것이 1년 이상 지속되면 처음에 100의 능력을 가지고 있었던 사람은 1년 뒤 과연 얼마가 되어 있을까? 다음 빈칸에 직감적으로 생각한 숫자를 적어 보자.

능력이 100이었던 사람은 365일이 지난 뒤 (   )가 되어 있다.

적었는가? 그렇다면 이제 답을 알려 주겠다.

정답은 약 617이다.

'617' 이라는 수치는 처음보다 6배 이상 성장했다는 뜻이다. 자신의 능력이 1년 사이에 6배나 성장했다면 대단한 것이다. 그렇다. 그야말로 비약적인 발전이라고 할 수 있다. 성장하는 모양을 그래프로 그려보면 급커브를 그리며 올라갈 것이다. 비록 성장하는 동안에는 평범한 사람들과 큰 차이를 느끼지 못할 수도 있지만 그 결과는 엄청나다.

여기서 말하는 평범한 사람이란 실행하기도 하고 중단

하기도 하는 사람들을 말한다. 지속적으로 실행하더라도 겉으로 드러나기까지는 아마 상당한 시간이 걸릴 것이다. 그러나 만약 중간에 포기한다면 그때까지 쌓아 둔 능력까지 모두 소멸되어 버릴 것이다. 반대로 매일 자신의 능력을 향상시키려고 노력하는 사람은 어느 시점부터는 자신의 능력이 급격하게 향상되는 것을 느낄 수 있을 것이다.

당신 주변에서도 요즘 들어 많이 변했다고 느껴지는 사람을 종종 찾아볼 수 있을 것이다. 아마도 이들은 주변 매일 조금씩 자신의 능력을 향상시켜 왔을 것이다. 다만 주변 사람들이 그것을 몰랐을 뿐이다. 이것을 일반적으로 '복리(複利) 효과' 라고 부르기도 한다. 복리 효과란 저축한 돈의 이자에서만 생겨나는 것이 아니다. 능력과 지식의 양, 체력을 비롯한 모든 면에서도 나타난다.

결국 중요한 것은 지식이든 교양이든 지속적으로 축적해야 한다는 점이다. 게다가 자기 긍정 암시 노트를 매일매일 읽기 때문에 1년 뒤에 놀라운 변화가 나타나는 것이다.

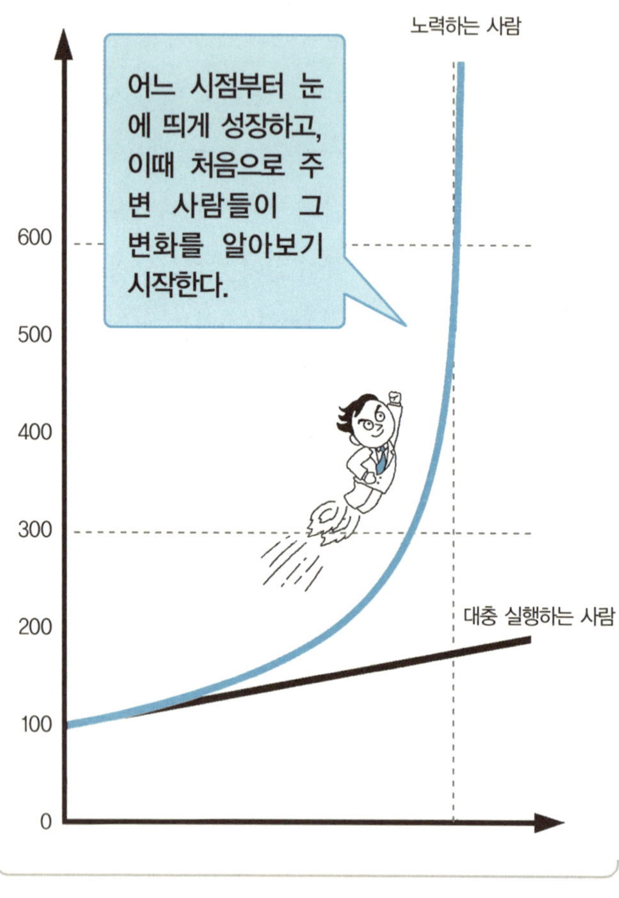

 큰 꿈을 실현하기 위한 5가지 작은 습관 성공 노트술

자신감과 용기를 가져다 주는
성공 다이어리 만들기

여기서는 실적을 자신감으로 연결하는 방법으로, 내가 3년 이상 작성해 오고 있는 '성공 다이어리'를 소개하고자 한다. 나는 이것을 보도 새퍼의 어린이를 위한 경제 도서《열두 살에 부자가 된 키라》를 읽고 난 그날부터 실행에 옮겼다.

방법은 수첩에 하루에 한 가지 이상, 성공 체험을 적어 두기만 하면 된다. 날짜와 번호, 그리고 내용을 한 줄에 적으면 된다.

나는 이 방법을 지난 3년 동안 꾸준히 실천해 왔다. 가

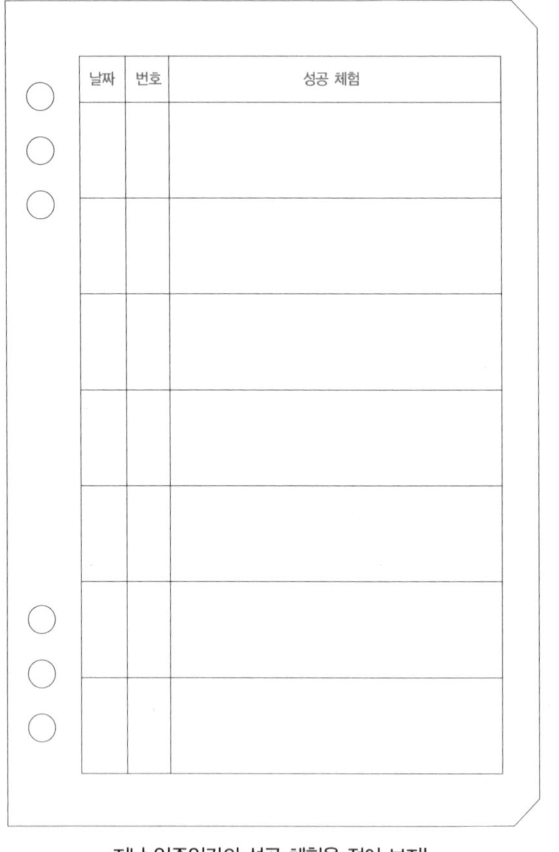

지난 일주일간의 성공 체험을 적어 보자!

끔은 수첩을 펴서 적어 둔 내용을 읽어 보기도 한다. 그럴 때마다 '아, 이런 일도 있었구나' 라며 내가 실제로 체험한 성공을 재확인하기도 한다. 이 방법은 실제로 나에게 많은 에너지를 불어넣어 준다. 기입해 둔 내용을 나중에 읽어 보면 그때의 감동이 다시 한번 느껴지기 때문이다.

기록을 축적해 두는 것도 결국은 복리 효과를 최대로 창출하기 위함이고, 이 역시 내가 직접 실행하고 직접 느낀 방법이다.

이것을 매일매일 실행하면 1년에 무려 365가지나 되는 성공 체험담을 가질 수 있다. 또한 이것을 3년 동안 지속하면 무려 1천 가지 이상의 성공 체험담이 쌓인다. 물론 그중에는 시시한 것도 있을 수 있지만 그 내용의 수준에 대해서는 신경 쓸 필요가 전혀 없다. 1천여 가지의 성공 체험담이 축적된다면 그중에는 훌륭한 내용도 많이 들어 있을 것이기 때문이다.

나는 일 때문에 불안하고 의기소침할 때면 과거의 성공 다이어리를 꺼내어 읽어 본다. 그러면 '그때도 기분이 우울했지만 이렇게 잘 극복해 냈구나. 틀림없이 이번에도 잘할 수 있을 거야.' 라는 긍정적인 감정이 솟아난다.

1천 가지의 성공 체험을 기록하고 나면 자신감이 생기는 것은 당연하다. 비록 글을 읽는 독자들은 실감나지 않을지도 모르지만, 나는 큰 자신감을 얻을 수 있었다.

성공 다이어리 만드는 법 

- 지금 사용하는 다이어리에 성공 다이어리 포맷을 꽂아 넣는다.
- 하루에 한 가지 정도로 그날의 성공 체험을 짤막하게 한 줄로 기입한다.
- 성공 체험인지 아닌지는 그 일에 어떤 의미를 두느냐에 따라 결정된다.
- 처음에는 작은 일이나 세세한 것도 적는다. 그러면서 성공 체험을 발견하는 습관을 들인다.

- 매일 적어 두면 한 달에 30개, 1년에 365개, 그리고 3년이 지나면 1천 개가 넘는 성공 체험이 기록된다. 이것을 스스로에게 자신감을 불어넣고 싶을 때 읽어 본다.
- '내가 정말로 많은 성공 체험을 했구나' 라는 것을 깨달을 수 있다.

오늘 있었던 성공 체험을 한 가지 이상 적어 두는 것이 규칙이다. 작고 사소한 내용이라도 전혀 상관없다. 다음은 내가 실제로 적어 두었던 예다.

'딸아이가 한 살 때의 일이다. 아이에게 말을 걸면서 밥을 먹여 주었더니 아이가 방실 웃어 주었다.' 이렇게 사소한 것들을 적어도 된다.

'스킨스쿠버 다이빙에서 10m나 잠수할 수 있었다' 처럼 처음 경험한 것을 기록해도 된다.

'내가 주관하고 있는 교류회에 유명한 강사를 초빙해 강연을 성황리에 끝마칠 수 있었다' 처럼 기쁘거나 즐거웠던 일을 기록해도 좋다.

반드시 회사 업무와 관련된 내용이 아니어도 좋다. 취미나 가족에 관한 이야기도 좋다. '그래, 해냈다'라고 생각되는 일이 있으면 무엇이든 기록하면 되는 것이다. 핵심은, 성공이라고 생각하면 그걸로 성공이고, 그 내용을 기록하기만 하면 되는 것이다. 만약 다른 사람이 '그건 실패야'라고 해도 실패에서 교훈을 얻었으니 그것도 성공이라고 생각하면 성공이 된다.

이제 독자 여러분도 일상에서 경험하는 성공 체험을 꼭 기록해 보기 바란다. 오늘은 먼저 일주일 동안 자신이 성공했다고 생각되는 경험을 하루에 한 가지씩, 총 7가지를 뽑아 기록해 보자. 물론 하루에 2가지 이상 적어도 상관없다. 만약 수첩을 사용한다면 수첩을 보고, 일주일간 있었던 일을 떠올리면서 기입하면 더욱 좋다.

한 단계씩 올라가는 사람,
한번에 올라가려다 지쳐 버린 사람

내가 이 책을 통해 일관되게 전달하려는 메시지는 바로 이것이다.

'꾸준한 실천이 축적을 낳고, 축적이 비전을 실현하게 해 주는 힘이 된다.'

그렇다면 이렇게 질문하는 독자가 있을지도 모른다.

"당신은 참 꼼꼼하시군요. 무슨 일이든 꾸준하게 하려는 성격인가 봐요. 그런데 원래부터 그런 성격이었나요, 아니면 연구를 하다 보니 그렇게 된 건가요?"

나는 내가 꼼꼼하거나 인내심이 많은 스타일인지는 잘 모르겠다. 그러나 무언가를 시작하면 중간에 포기하지 않고 그것을 지속할 방법을 찾기 위해 나름대로 많은 생각을 한다.

물론 나는 이 책에서 소개하는 습관을 몸에 익히기 위해 그 많은 일들을 동시에 시작하지는 않았다. 하나씩 천천히 시작해 보고, 한 개씩 추가해 나간 결과 지금 이렇게 여러 가지를 습관화할 수 있었던 것이다. 그리고 이 책을 통해 그중에서도 가장 효과적인 5가지를 소개하는 것이다. 그래서 지금의 나를 보면 상당히 많은 것을 시도하는 것처럼 보일 수 있다. 그러나 나도 처음에는 한 개씩 천천히 시도했기 때문에 결코 큰 부담이 되지 않았다.

마음만 급해서 이것도 하고 저것도 해야겠다고 생각하는 사람도 분명 있을 것이다. 그러나 유의해야 할 점이 있다. 그것은 바로 새로운 습관을 추가하는 과정에서 지금까지 해 온 좋은 습관을 멈춰 버리는 경우가 많다는 것이다. 하지만 이렇게 할 경우 전체적인 능력은 결코 향상되지 않는다. 즉 다음 습관을 익히려고 해도 지금까지 노력

 큰 꿈을 실현하기 위한 5가지 작은 습관 성공 노트술

지속적으로 좋은 습관을 들일 수 있다면
결국엔 그것이 큰 성공으로 이어진다.

새로운 습관
새로운 습관
이미 익힌 습관
이것을 중단하고
이것을 추가하면……
새로운 습관

작은 것을
지속적으로
실행하고
있지요!
새로운 습관
새로운 습관
새로운 습관
이미 익힌 습관
이미 익힌 습관
이미 익힌 습관

해 왔던 습관을 계속 실행해 나가지 않으면 큰 성과가 없다는 것이다.

사실 나는 단조롭고, 그렇다고 해서 빠른 편도 아닌 그저 착실하게 하나하나 쌓아 가는 스타일이다. 이 때문에 때로는 여러 가지 일을 실행하는 것처럼 보이기도 한다. 그러나 나의 가장 큰 비결은 바로 '작은 것부터 시작' 한다는 것이다. 그리고 그 작은 것들을 멈추지 않고 꾸준히 축적해 나간다.

나는 개인적으로 격투기를 좋아해서 종종 K1 경기를 관람하곤 한다. 언젠가 체중이 두 배 정도 차이나는 선수끼리 시합이 붙은 것을 본 적이 있다. 한 명은 신장이 무려 2m에 180kg이나 나가는 거구로, 목에서 어깨까지 우락부락한 근육을 가지고 있었다. 반면 상대는 100kg 정도의 체중에 탄탄한 몸을 갖고 있었다. 둘의 근육 차이는 굉장히 뚜렷했다. 처음에는 몸집이 큰 선수에게 작은 선수가 상대가 되지 않을 것 같았다. 그러나 결과는 몸집이 작

 큰 꿈을 실현하기 위한 5가지 작은 습관 성공 노트술

은 선수가 큰 선수를 때려눕히고 말았다. 애초부터 그의 목표는 몸집이 자신의 두 배나 되는 상대를 멋진 하이 킥으로 한방에 쓰러뜨리는 것이 아니었다. 그는 로우 킥으로 정밀하게 다리를 집중 공략했는데, 그것을 계속해서 반복함으로써 상대의 다리에 치명타를 입혀 나갔다. 상대는 자신보다 몸집이 작은 선수의 첫 번째 로우 킥에는 꿈쩍도 하지 않고 비웃었다. 그러나 2라운드가 지나 3라운드가 되자 거구의 몸놀림은 점점 둔해지기 시작했다. 결국 몸집이 작은 선수는 처음부터 반복한 로우 킥으로 자신보다 두 배나 큰 선수를 녹다운시켜 버렸다.

처음에는 아무리 킥을 날려도 상대가 꿈쩍하지 않았기 때문에 공격하는 선수도 답답했을 것이다. 그러나 그는 축적의 원리를 이해하고, 되풀이한 결과 좋은 성과를 이끌어 낼 수 있었다.

우리가 목표를 달성할 수 없는 가장 큰 이유는 바로 한번에 너무 큰 결과를 바라기 때문이다. 그러나 앞에서도 설명했듯이 복리 효과를 얻으려는 자세가 현명하다. 오늘

가진 능력이 100이고 내일 0.5%만 자신을 업그레이드하여 능력을 100.5로 향상시킬 수 있느냐고 물으면 대부분의 사람들은 그렇다고 대답한다. 이처럼 처음부터 무리하게 욕심부리지 말고 조금씩 축적해 나가는 것이 중요하다. 문제는 100.5에 다시 또 0.5%를 축적할 것이냐 아니면 처음의 100으로 돌아갈 것이냐의 차이일 뿐이다.

포스트잇으로 아이디어를 포착한다
―능력을 끌어올리는 습관

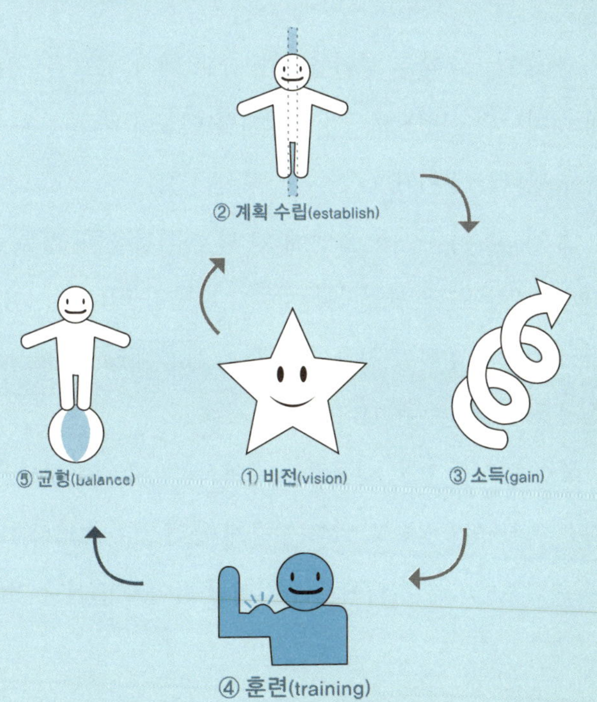

제4장의 '능력을 끌어올리는 습관'에서 중요한 것은 바로 하나의 실행으로 3가지 성과를 이끌어 내는 것을 목표로 한다는 것이다.

몇 년 전, 이 컨셉을 고안해 낸 나는 이것을 내 행동 습관으로 만들었다. 무언가를 행동으로 옮길 때는 반드시 3가지 이상의 성과를 얻을 수 있도록 사전에 3가지 이상의 목적을 구상해 두는 것이다.

목적 의식을 갖고 행동하든 무의식적으로 행동하든 주어진 시간은 공평하고 또 일정하게 흘러간다. 그러나 1년이 지난 뒤 그 두 사람에게는 엄청난 차이가 벌어질 것이라는 건 누구나 쉽게 상상할 수 있다.

우리는 살아가면서 대부분의 시간을 무의식 상태로 흘려 보낸다. 삶의 목적에 하나하나 의미를 부여하지 않은 채 하루하루를 보내 버리는 것이다. 그러나 이는 행동은 하되 아무런 의미도 없는 삶일 뿐이다. 그러나 이 책을 읽는 당신처럼 성장 욕구가 강한 사람은 한번에 하나 정도의 목적을 갖는 것이 당연하다. 만약 그런 상태라면 이제부터는 '하나의 행동을 할 때마다 3가지 이상의 성과를 내려는 목표를 가져 보라'고 권유하고 싶다. 책을 읽거나 세미나에 참가할 때, 또는 다른 사람과 만날 때도 마찬가지다. 항상 그런 자세로 인생을 살아간다면 늘 보람찬 하루하루를 보낼 수 있을 것이다. 그리고 그 결과는 오늘보다 내일 더 향상되고 내일보다 모레 더 향상되어 성공적인 모습으로 나타날 것이다.

내가 《몽헌력》이라는 다른 책을 쓰고 있을 때의 일이다. 그 책은 도쿄 디즈니랜드의 종합 프로듀서였고, 수많은 대형 프로젝트를 성공시킨 호리 테이치로 씨의 성공 노하우를 전하려는 목적으로 집필됐다. 그 책을 완성하기 위해 나는 1년 반이라는 시간을 투자했고, 원고량도 예상을 훨씬 뛰어넘었다. 솔직히 중간에 포기하고 싶은 유혹을 느낀 적도 많았다. 그때마다 나를 지탱해 주었던 것이 바로 '하나의 실행으로 3가지 성과를 목표로 한다(1액션 3골)' 는 개념이었다. 다시 말해 그 책을 집필하는 데 있어서도 나는 3가지 이상의 목표를 갖고 있었던 것이다.

첫 번째 목표는, 당연히 그 책을 마지막까지 완성하는 것이었다. 책은 컨설팅 업무와는 달리 현장에 본인이 없어도 사람들에게 영향을 미칠 수 있다. 게다가 전국 서점을 통해 책이 판매되면 정기적으로 인세 수입을 올릴 수도 있다. 상상만 해도 기쁜 일이었다.

두 번째 목표는, 나 자신을 성장시킬 수 있는 환경을 조성하는 것이었다. 그러기 위해 나는 삶과 비즈니스에서 내가 가장 존경하는 호리 테이치로 씨와 매달 둘만의 만남을 가졌다. 이렇게 함으로서 성공한 사람에게서 뿜어져 나오는 긍정적 기운을 전해 받고, 그의 체험담을 듣고, 나

 큰 꿈을 실현하기 위한 5가지 작은 습관 성공 노트술

를 성장시킬 수 있는 조건에 나를 둘 수 있었다.

세 번째 목표는, 나의 고민과 과제에 대한 해답을 얻는 것이었다. 그 책을 집필하던 중에 나는 나와 내 클라이언트의 문제를 호리 선생께 상담하고, 그의 조언을 통해 해답을 얻었다.

이렇게 3가지가 나의 목표였다. 하지만 나는 여기에 2가지 목표를 더 추가했다.

네 번째 목표는, 클라이언트와 내가 반복적으로 읽을 수 있는 비즈니스 성공 참고서를 만드는 것이었다.

그리고 마지막 다섯 번째는, 스승의 사고 패턴을 가까운 곳에서 습득하는 훈련이었다. 즉 글을 쓰거나 편집을 할 때 불경을 외우듯이 호리 선생의 조언을 몇 번이고 계속 되풀이해서 읽는 것이었다. 그 과정을 통해 선생의 가르침이 머릿속에 쏙쏙 들어가는 것을 느낄 수 있었다.

이처럼 하나의 행위에 3가지, 나아가 5가지의 목적을 설정할 수 있다. 단지 처음부터 이렇게 결심하느냐 그러지 않느냐의 차이일 뿐이다. 미리 목표를 정해 둔 경우와

정해 두지 않은 경우의 결과는 완전히 달라진다. 그러므
로 앞으로는 하나의 행동을 취할 때 3가지, 4가지, 5가지
의 목표를 설정하고 행동하기 바란다.

효율성을 지나치게 추구하다 빠질 수 있는
의외의 함정

마지막으로 필자의 체험을 토대로 독자 여러분들께 조언을 하나 하려고 한다. 바로 '모든 것은 지나치면 오히려 나쁠 수도 있다' 는 것이다.

언젠가 동료 3명과 함께 한 연구회에 참석할 기회가 있었다. 그중 한 사람과 어떤 방법으로든 비즈니스 미팅을 해야 했는데, 서로 일정을 맞추기가 어려워 미뤄 오고만 있었다. 결국 나는 신칸센을 타고 이동하는 시간을 미팅에 활용하기로 했다. 즉 '이동 시간을 미팅 장소로 활용하려는 속셈' 을 그 연구회에 참가하는 목적에 하나 더 추가한 셈이었다. 그러다 보니 자연스레 동행했던 사람 가운데 한 명이 외톨이가 되어 버렸다. 그는 우리 세 사람이 함께 신칸센을 타고 가면서 나눌 즐거운 대화를 상상하고 있었을 것이다. 물론 사전에 양해를 구하긴 했지만 나중에 그는 사실은 무시당한 것 같아 기분이 나빴다고 털어놓았다. 그 말을 듣는 순간 아차 하는 생각이 들었다. 내 효율만을 추구한 나머지 마음의 여유를 잃고 다른 사람의 기분을 망쳐 버린 것에 대한 깨달음이었다. 그 일을 계기로 나는 깊은 반성을 했다.

만약 내가 그와 같은 입장에 처했더라면 나는 혼자서 책을 읽거나 차분히 생각할 수 있는 좋은 기회라고 여겼을 것이다. 이 때문에 나는 그 사람도 나와 같은 마음일 것이라고 단정해 버렸던 것이다. 여기서 내가 얻은 교훈은 다음과 같다.

그것은 바로 '하나의 행동에 3가지 목표를 설정할 때는 상대나 주변 상황을 배려해야 한다'는 것이다. 어떤 일에 너무 집중한 나머지 주변은 둘러보지 않고 앞으로만 나아가려는 사람일수록 특히 이 점에 유의해야 한다.

 큰 꿈을 실현하기 위한 5가지 작은 습관 성공 노트술

번뜩이는 재치를 기획서에 반영한다
– 마법의 포스트잇 활용법

능력 향상을 위한 습관을 들이는 데 효과적인 도구의 하나로 포스트잇을 꼽을 수 있다. 포스트잇을 효과적으로 활용하면 생산성을 비약적으로 향상시킬 수 있다. 나아가 문득 떠오르는 아이디어를 재빠르게 포착하여 활용할 수도 있다. 포스트잇을 단순한 부착물이 아닌 메모로 활용한다는 개념은 많은 책에서도 소개되었다.

놀라운 포스트잇 활용법

나는 아이디어가 떠오르면 안주머니에 넣어 둔 파란색, 빨간색 펜과 포스트잇을 꺼내 그 자리에서 떠오른 생각을 기입한다. 이렇게 해 두면 좋은 아이디어나 조언을 잊어 버릴 염려가 없다.

예를 들어 대화를 하거나 책을 읽거나 외출 시 번뜩이는 무언가를 발견했을 경우, 또는 전철 안에 붙어 있는 광고의 톡톡 튀는 문구를 발견했을 때 바로 포스트잇을 꺼내 그 생각들을 적는다. 기본적으로 '이거 괜찮은 아이디어인데……', '쓸 만한 문구네'라는 생각이 들 때 적는 습관이 있다.

 큰 꿈을 실현하기 위한 5가지 작은 습관 성공 노트술

글을 쓰다 보면 '음, 뭔가 좋은 제목이 없을까?', '부제로 쓸 만한 좋은 말이 없을까?'를 고민할 때가 많다. 그러면서 또다른 책을 읽거나 신문 광고 등을 찾아본다. 그러나 아무리 좋은 문구를 발견했다고 해도 혼잡한 전철 안에서 가방 속에 넣어 둔 종이와 펜을 꺼내 기입하는 것은 쉬운 일이 아니다. 아마 대부분의 사람들은 귀찮다고 여겨 기록해 두지 않을 것이다. 결국 나는 기록이나 메모하는 습관을 들이는 것에 대한 거부감을 줄일 궁리를 하게 되었고, 그 방법의 하나로 항상 가슴 안주머니에 포스트잇과 펜을 넣어 두게 되었다. 침대 머리맡에도 늘 포스트잇과 펜을 준비해 두고 잠들기 전이라도 아이디어가 떠오르면 바로바로 기록한다. 이런 습관은 새로운 문장이나 기획서를 작성할 때도 매우 큰 도움이 된다. 다 적은 포스트잇은 떼어서 맨 뒤쪽에 차례차례 붙인다.

예를 들어 누군가와 대화를 나누는 중에 좋은 아이디어가 떠올랐다거나 지금 내가 하는 말이 근사하다고 생각될 때도 그것을 그냥 지나치지 말고 기록해 두면 된다. 그런

곧바로 꺼내서
기입할 수 있다.
기입한 뒤에 뒤쪽에
차례차례 붙여 두면 잃어
버릴 염려도 없다.

번뜩이는 아이디어는 바로 적어 두지 않으면 금세 잊어버리린다.

우리는 자신의 기억력에 대해 과신해서는 안 된다. 나 역시도 나의 기억력을 결코 신뢰하지 않는다. 10초가 지나면 아무리 좋은 아이디어라도 잊어버릴 가능성이 매우 높기 때문이다. 그렇기 때문에 가능하면 빨리 포스트잇을 꺼내 적어 두는 습관을 들여야 한다. 이것 또한 성장에 반드시 필요한 번뜩이는 아이디어를 가진 아이디어맨이 되는 비결이다.

이런 습관을 들인 뒤로 나는 포스트잇과 펜을 항상 안주머니에 넣고 다닌다. 그러다가 아이디어가 떠오르면 바로 포스트잇에 그 내용을 적는다.

이때 중요한 것은 메모한 포스트잇을 붙이는 곳이다. 아무데나 붙여 두면 사라질 것이 뻔하기 때문이다. 이렇게 되면 포스트잇을 사용하는 아무런 의미가 없다. 나는 메모한 것을 다이어리에 붙이기도 하고, 노트에 붙이기도

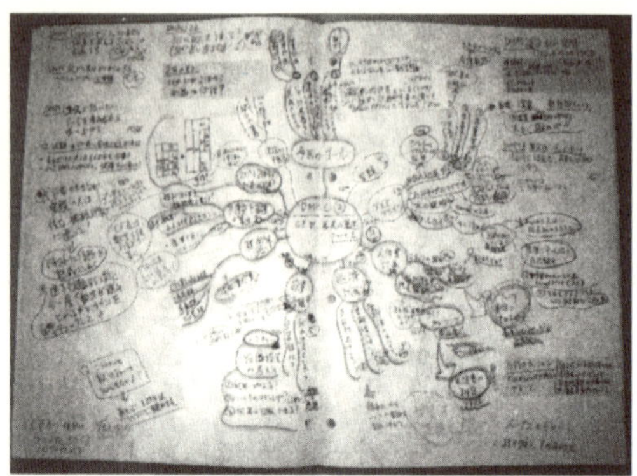

실전에서 활용 가능한 코칭 기법을 4시간 만에 전달하기 위한
세미나에서 사용한 노트

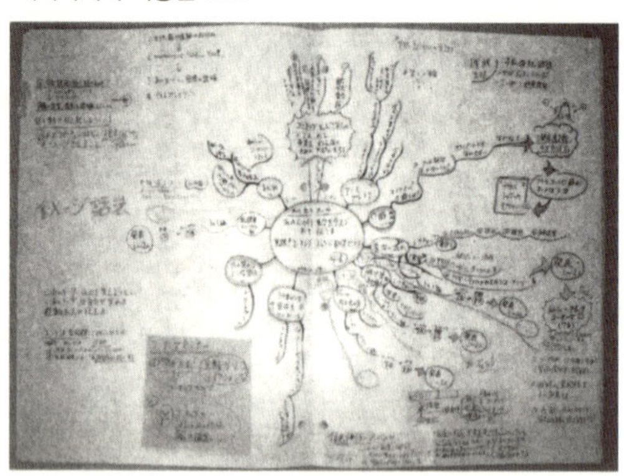

현금 경영을 실천하는 방법을 4시간 만에 전달하기 위한 세미
나에서 사용한 노트

하는데 여기에도 나름의 법칙이 있다. 누군가에게 메시지를 전달하거나 물건을 보내는 등의 내용은 주로 다이어리에 붙인다. 반면 새로운 아이디어나 번뜩이는 재치가 담긴 메모는 아이디어 노트에 붙인다.

노트에 붙이는 데도 요령이 따른다. 먼저 A4 노트를 준비해 이것을 아이디어 노트로 활용하는 것이다. 그리고 거기에 마인드 맵을 적는다.

왼쪽 사진은 4시간짜리 세미나에서 강연하는 데 필요한 컨텐츠를 정리해 둔 것이다. 이때 어떤 컨셉으로, 어떤 내용을 넣어 완성할 것인지를 고려해 보았다. 이것을 봐도 알 수 있겠지만 노트의 여기저기에 포스트잇이 붙어 있다. 이것을 메모한 것은 대부분 이동 중이거나 레스토랑에서 다른 사람들과 대화를 나누고 있을 때였다. 이 노트는 평소에는 가방에 넣어 둘 뿐 손에 들고 다니지는 않는다. 그렇다면 어떻게 해서 기입했을까?

레스토랑에서 식사를 하면서 친구와 이야기를 나누고 있다고 생각하자. 물론 이때는 와인을 마실 수도 있다. 이렇게 심리적으로 편하고, 뇌가 개방된 상태일 때는 좋은 아이디어가 많이 떠오른다. 그럴 때마다 즉시 포스트잇을 꺼내 메모를 해 두는 것이다. 그리고 나서 포스트잇의 맨 뒤쪽에 그것을 붙인다(단, 이때도 대화의 흐름은 끊지 말아야 한다). 그리고 사무실이나 편한 공간으로 돌아가 책상 위에 노트를 펼치고 분야별로 아이디어를 분류해 붙이면 된다.

많은 자기 계발서들을 읽어 보면 '종이에 적어 두면 꿈이 실현된다'는 말을 강조한다. 나는 그것을 실제로 경험한 사람이다. 내가 적어 둔 몇 가지 꿈이 정말로 실현되었기 때문이다. 이런 식으로 몇 번이고 되풀이해 적어 둔다면 당신이 꿈이 실현될 날도 그만큼 빨라질 것이다.

언젠가는 경영자로서 함께 일해 보고 싶다는 생각이 들 만큼 탐나는 인재를 보고 그 인물상에 대해 상세하게 기입해 두었더니 정말로 그런 사람이 내 눈앞에 나타난 적도 있다. 그런 방법으로 비즈니스 파트너와 매니저도 영입할 수 있었다.

그러므로 필요한 것이 있을 때면 떠오른 아이디어를 즉시 노트에 기록해 두라. 간단히 노트 양면에 하나의 테마를 적으면 된다. 욕심을 내서 3~4가지 이상의 테마를 적을 필요가 전혀 없다.

예를 들어 첫 페이지에는 '신입 사원 교육 시스템' 이라는 주제 하나만 적으면 된다. 다음 페이지에는 '출판할 책의 광고에 관해서' 라고 적고, 그 다음 페이지에도 역시 '새로운 비즈니스 착수에 관해서' 라고 적으면 된다. 이렇게 한 개의 주제만 적어 가는 것이 요령이다.

기입해 보면 알겠지만 사실, 한꺼번에 많은 주제가 동시에 떠오르지도 않는다. 기껏해야 5가지, 많아야 10가지 정도다. 그것을 당장 노트를 펼쳐 가운데에 동그라미를 그리고 적으면 된다.

내 아이디어 노트에는 세미나 내용 및 집필 컨셉, 세미나 안내서를 만들기 위한 원고, 신상품 개발 계획, 책 또는 상품 광고 계획, 고객과 스텝 지원을 위한 아이디어, 수강한 세미나와 강연 기록 등의 다양한 주제의 메모들이 들어 있다.

자, 당신도 한번 실행해 보지 않겠는가?

그럴 마음이 있다면 일단 A4 사이즈의 노트를 한 권 준비하라. 물론 A3 용지도 상관없고 B5 사이즈라도 상관없지만 A4가 사용하기에 가장 편하다. 그런 다음 노트를 펼쳐 마주보는 양쪽 2페이지를 한 페이지처럼 넓게 사용한다. 이렇게 하면 A4가 A3 사이즈가 된다. 그런 다음 가운데에 동그라미를 그리고 그 안에 제목을 적어 넣는다. 초시계로 3분 동안 시간을 재면서 제한 시간 내에 당신이 중요하다고 생각하는 것을 기입하면 된다. 일단은 1가지, 2가지, 3가지씩 생각나는 대로 적는다. 나중에 추가하면서 조금씩 채워 나가면 되기 때문이다.

마법의 포스트잇 시스템 사고방식 

- 기발한 아이디어가 떠오르는 순간은 언제일까? 혼자 책상에 앉아 있을 때보다는 누군가와 대화를 나누는 순간일 때가 더 많다. 그런데 그 기회를 그냥 놓쳐 버린 적은 없는가?

 큰 꿈을 실현하기 위한 5가지 작은 습관 성공 노트술

- 레스토랑에서 떠오른 아이디어를 테이블 위에 있는 냅킨에 적는 사람도 있다. 심지어 적을 데가 없어서 자신의 손바닥에 적는 사람도 있다. 그러나 그것을 기획서에 반영하는 사람은 별로 많지 않다.

- 아이디어를 쌓아 두는 곳이 정해져 있지 않으면 아이디어가 떠올랐을 때 여기저기에 적어 두는 일이 발생한다. 이렇게 되면 행동으로 옮기기 전에 그 메모는 어디론가 사라져 버린다.

- '번뜩이는 재치는 다이아몬드다.' 예전에는 이 말을 아무렇지 않게 그냥 지나쳐 버렸다. 그러나 이제는 하나도 빠짐없이 그것을 모두 붙잡아 두고 싶다. 그러기 위해서는 사소하지만 번뜩이는 아이디어를 포착하여 행동으로 옮기기까지의 체계가 필요하다.

마법의 포스트잇 시스템 활용법 

- 아이디어 노트를 펴서 양면에 하나의 주제를 기입한다.

- 아이디어가 떠오를 때마다 안주머니에 넣어 둔 포스트잇을 꺼내 메모를 한 다음 맨 뒤쪽에 차례차례 붙인다. 그리고 노트를 펼쳐 포스트잇에 적힌 아이디어에 해당하는 테마 페이지에 이것을 붙인다. 이것이 습관화되면 굳이 책상에 앉아서 고민하지 않아도 당신이 원하는 기획이 형상화될 것이다.

평소에 적어 두었던 아이디어 포스트잇을 노트에 붙여 두면 어느새 나만의
기획서가 완성된다.

- 포스트잇이 어느 정도 쌓이면 그것들을 정리해 기획서로 완성한다.

이것을 나중에 어떻게 사용할 것인가에 대해서는 앞에서도 언급했듯이 해당하는 아이디어 노트 페이지에 그것을 붙여 나가는 것이다. 이렇게 하면 책상에 앉아서 굳이 아이디어를 떠올리려고 고민 하지 않아도 된다. 일상에서 무심코 떠오른 아이디어가 점점 모여서 저절로 좋은 기획서가 완성되기 때문이다. 그런 다음 포스트잇이 어느 정도 모였다고 생각되면 그것을 정리해 기획서로 마무리한다.

알다시피 이 방법은 아이디어를 정리하는 매우 빠른 방법이다. 생각은 책상에 앉아서 하는 것이 아니라 평소에 하는 것이 효율적이다. 그것을 나중에 이 시스템을 적용하여 형상화하면 되는 것이다.

아이디어 노트를 작성하는 방법으로서 마인드 맵을 활용하는 이유는 2가지다. 첫 번째는 아이디어를 떠올리는 데 전념할 수 있기 때문이다. 지금까지 써 온 노트법처럼 하려면 쓰는 순서를 의식해야 한다. 그러면 아이디어를 내는 것과 문장 편집을 동시에 해야 하기 때문에 펜이 술술 굴러 나가지 않는다. 그러나 마인드 맵이라면 중심에서 시작해 바깥쪽을 향해 방사형으로 나가기 때문에 아이디어가 떠오를 때마다 추가하면 된다는 장점이 있다.

또 하나의 이유는 단순히 문장을 적기만 하는 것이 아니라 키워드 중심으로 기입한다는 것이다. 그렇기 때문에 많은 공간을 차지하지도 않고, 또 노트의 양면을 펴 보는 것만으로도 하나의 주제에 관한 전체 모습을 파악할 수가 있다. 나 역시 이렇게 한 덕분에 기획서나 프로젝트에 대해 전망하기가 쉬워졌다. 당연히 정신적으로도 아주 편해진 느낌이 든다.

예전의 나는 기획서를 작성할 때면 책상에 앉아 고민부터 하곤 했다. 책상에 앉아 있어 봐야 좋은 아이디어가 떠오르리라는 보장이 없는데도 그렇게 했다. 그러나 포스트

 큰 꿈을 실현하기 위한 5가지 작은 습관 성공 노트술

잇과 아이디어 노트에 메모하는 습관을 들인 지금은 늘 아이디어가 넘쳐나 어떨 때는 행동이 아이디어를 따라가지 못해 곤란할 정도다. 흥미를 갖는다면 어느 순간 훌륭한 아이디어가 노트에 가득 찰 것이다.

더욱이 아이디어를 공유하거나 의견을 교환할 수 있는 동료가 있으면 아이디어를 창조하는 일에 더욱 가속도가 붙는다. 그래서 이것을 '번뜩이는 아이디어를 캐치하는 마법의 포스트잇 시스템'이라고 부르는 것이다. 경험자로서 독자들에게 꼭 추천하고 싶고, 꼭 한번 시도해 보라고 권유하고 싶다.

바이오 리듬을 조절한다
– 균형을 유지하는 습관

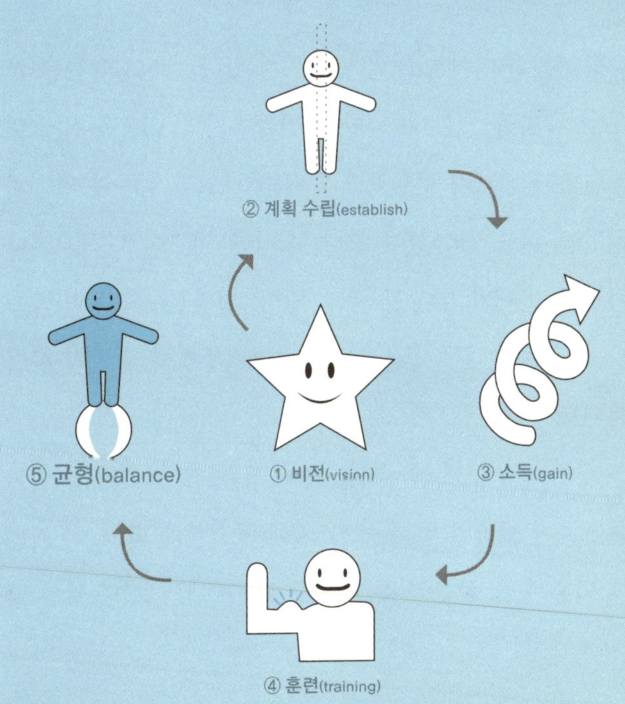

가정과 일에서 균형을 이루고 있는가?

당신은 드디어 마지막 습관까지 왔다. 제5의 습관은 균형을 유지하는 일이다. 만약 지금까지의 내용을 정말로 충실하고 진지하게 실행해 왔다면 과도한 업무량 때문에 균형을 잃을 가능성이 크다. 그러면 건강이 악화되거나 가정에 문제가 발생할 수도 있다. 성장함으로써 만족을 느끼는 나는 너무 많은 일을 한다는 것에 대해 가끔 반성하기도 한다.

일에 너무 많은 에너지를 쏟아 부음으로써 그만큼 일이 순조롭게 풀리면 점점 더 그 일에 빠져들게 되고, 이 때문에 다른 일을 간과할 수도 있기 때문이다. 그러다 보면 당연히 가족에 대한 배려와 정신적 여유를 잃게 된다. 그러면 가족들은 불만을 제기할 것이고, 잘되던 일도 제동이 걸릴 것이 분명하다.

제동이 걸린다는 것은 결국 '균형이 깨졌다'는 신호다. 구체적으로는 아이들과 대화가 없어지더니 언제부턴가 아이가 나에게 오지 않는다거나 아내가 육아와 가사 스트레스에 시달린 탓에 집안 분위기가 어둡다거나 부부 싸움을 잦다거나 하는 등 큰 꿈을 실현하는 데 있어 반드시 피하고 싶은 일들을 말한다.

예전에 어느 외국계 기업에서 명성을 날렸고, 지금은 내 매니저로 일하는 니와 씨도 어느 날 부하에게 이런 말을 들었다고 한다.

"5가지 이상의 질문을 준비하지 않으면 와니 씨가 바쁠 것 같아서 전화를 하기가 어려웠습니다."

그 순간 니와 씨는 '과연 내가 그 정도로 말 걸기가 어려울 정도로 행동했었나'라는 생각에 충격을 받았다고 한다. 그 뒤로는 일에만 집중하지 않고 상대방에게 허물 없이 자주 말을 걸기로 결심했다고 한다.

생산성이라는 명제를 추구하는 것이 나쁜 일은 아니다. 그러나 그 균형이 무너지면 무의식적이지만 주변 사람들이 멀어지게 하는 기운이 발산된다. 그렇게 되기 전에 균형을 유지하기 위해서는 이제부터 소개할 제5의 습관을 잘 기억해 두어야 한다.

내 안에 있는 또다른 나를
활용한다

　우리는 내 안에 존재하는 또다른 나인 '정체성'을 조절할 수 있어야 한다. 정체성이란 바로 자신의 존재를 말한다.

　우리는 다양한 정체성을 갖고 있다. 때로는 아버지로서, 때로는 아내로서, 어떨 때는 비즈니스맨으로서, 또 샐러리맨으로서, 또는 경영자나 영업자로서의 정체성을 갖고 있다. 이 정체성은 대부분의 경우 섞여서 존재한다.

　특히 경영자의 경우 경영자라는 자신의 정체성이 그의 모든 것이 될 수 있다. 그 때문에 경영자라는 정체성을 가지고 가정에 돌아가기도 하고, 이것이 사생활이나 기타 여러 부문에서 나타나기도 한다.

　자택에서 가족과 함께 식사를 하고 있음에도 불구하고 비즈니스 모드가 사생활로 전환되지 않은 것에 대해 화가 난 아내에게 "우리는 당신의 부하가 아니에요! 집에서까지 회의 투로 말하지 마세요"라는 불평을 들었다는 사람의 얘기를 들은 적이 있다.
　이처럼 비즈니스와 건강, 비즈니스와 가정에서 그 균형을 유지하지 못하면 결국에는 자신이 그토록 성공하기 바라는 비즈니스도 잘될 수 없다. 그렇다면 어떻게 해야 이들 사이의 균형을 유지해 나갈 수 있을까? 특별한 것은 아니지만 나만의 비결을 소개하면 다음과 같다.

　190페이지의 그림에서처럼 수첩에 0라인과 50라인, 그리고 100라인으로 선을 그어 둔다. 그런 다음 각각 색깔이 다른 5가지 포스트잇에 서로 다른 정체성을 적는다.
　내 경우, '비저너리 플래닛의 사장', '비저너리 파트

 　큰 꿈을 실현하기 위한 5가지 작은 습관 성공 노트술

너', '와니 다츠야(본인)', '아버지', '남편' 이렇게 5가지를 적어 둔다. 그런 다음에는 오늘은 어떤 정체성으로 하루를 보낼까를 결정한다.

예를 들어 아침부터 저녁까지 글을 쓰는 날은 '비저너리 파트너'라는 정체성을 갖고 임한다. 즉 오늘은 100% 비저너리 파트너라는 정체성으로 하루를 보내는 것이다. 비저너리 플래닛의 사장으로 활동하고 있지 않으므로 그 날은 경영자라는 정체성은 없는 것이다. '와니 타츠야'라는 사람은 글쓰는 것을 취미로 갖고 있기 때문에 와니 타츠야라는 정체성은 50% 정도가 된다. 이때는 '아버지'나 '남편'으로서의 정체성도 거의 없다고 볼 수 있다. 이것을 아침에 일어나서 바꿔 붙이면 된다. 단지 이것뿐이다.

나는 이런 방법으로 '오늘은 이걸로 가겠다'는 마음의 준비를 하고, 정체성의 스위치를 돌린다. 당신도 이렇게 하라고 강요하고 싶지는 않다. 하지만 좋은 방법이라는 것을 기억해 두기 바란다. 사실 몇 번만 이렇게 해 보면

정체성 조절 이미지

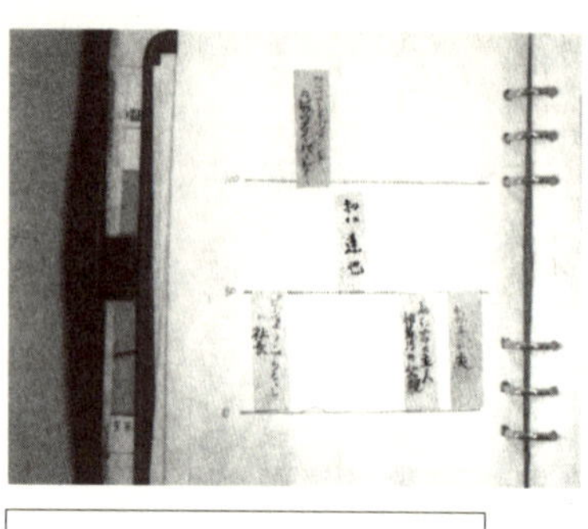

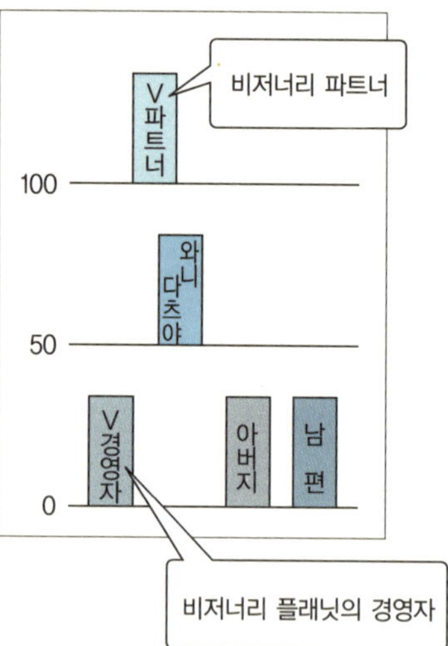

하루의 정체성을 전환하기 위해 매일 아침 10초 동안 작은 의식을 행한다.

그 다음에는 머릿속으로 생각하면서 실행할 수 있기 때문에 매우 쉽다. 그러나 눈으로 직접 확인하면 그 방법이 머릿속에 더욱 깊이 새겨진다. 포스트잇을 붙이는 행위도 짧은 시간에 할 수 있지만 그것을 붙이는 동안 행동을 잠시 멈추게 되고, 또 생각할 기회도 갖게 된다.

지금 우리는 교통 수단과 통신 수단의 발달로 과거에 비해 모든 것이 빠르고 편리해진 시대를 살아가고 있다. 이런 면에서 일상에서 의도적으로 행동을 멈추고 잠시 생각하는 시간을 갖는다는 것은 내 개인의 성장에 있어 매우 좋은 기회다.

소중한 것을 잃고 싶지 않으면 멈춰서라!

최근, 나는 인생의 전환기가 될 수도 있었던 충격적인 사건을 경험했다. 성공에 대한 의욕이 강한 독자들 가운데는 종종 그런 경우가 있을 수 있다고 생각한다. 나의 체험담을 들어보고 천천히 생각해 보기 바란다.

언젠가 다른 사람에게 다음과 같은 질문을 받고는 답변하는 데 꽤 고심했던 적이 있다.

"당신은 일과 가정 중에서 어느 쪽에 더 우선 순위를 두나요?"

나는 생각해 보았다. '물론 가족도 중요하지만 인생을 살아가는 데 있어 일도 당연히 중요하다. 나는 내 일에 사명감을 느끼며, 그 일은 내 소중한 가족을 지탱해 주고 있다. 그렇다면 결과적으로 가족보다 일이 먼저라고 할 수도 있지 않을까?

이렇게 생각하고 있던 어느 날,《인생의 목적을 발견할 수 있는 마법의 지팡이》라는 책을 읽게 되었다. 그 속에는 다음과 같은 궁극적인 질문이 들어 있었다.

'만약 내일 세계가 멸망한다면 당신은 오늘 무엇을 하겠는가?'

나는 나에게 이 질문을 던지고는 그 답을 책 속의 공간에 적어 보았다. 그리고 답을 읽어 본 나로서는 놀라지 않을 수 없었다.

'가족과 함께했던 인생의 추억들을 되돌아보고, 행복한 감정을 깊이 음미하겠다.'

마지막 날을 상상히다 보니 거기에 행복한 감정을 공유했을 가족이 없어서는 안 된다는 사실을 깨달은 것이었다. 나는 내가 그렇게 적으리라고는 상상도 못했다.

이에 반해 지금 나는 어떻게 시간을 활용하고 있는가? 일에만 집착한 나머지 편안한 마음으로 아내나 아이들과 대화 한번 나눠 보지 못했다. 이런 식으로 지나친 것이 한두 번이 아니다. 아이들이 어려서 손이 많이 갈 때는 식사 때 하는 아내와의 대화조차 수박 겉 핥기 식으로 끝내기 일쑤였다. 문득 생각해 보니 지난 몇 개월 동안 서로의 사고방식이나 가치관에 대해 진지한 대화 한번 나누지 못했던 것이다.

중년 부부의 이혼 문제를 다루는 TV 프로그램에서도 흔히 볼 수 있는 내용이었다. 나와 전혀 상관없는 이야기라고 단정할 수가 없었다.

아이들이 어렸을 때 많은 대화를 나누지 못한 것에 대해 후회하는 사람들이 많다. 그러나 아이들은 어느 정도 성장하면 가족보다는 또래 친구들과의 시간을 더 소중하게 여기기 때문에 그때는 부모가 아이와 대화를 나누고 싶어해도 할 수가 없다.

 큰 꿈을 실현하기 위한 5가지 작은 습관 성공 노트술

한 사례를 예로 들겠다.

한 아버지가 자기의 자식이 가장 친한 친구와 어떻게 지내는지를 관심 있게 지켜보고 있었다. 그 둘은 학교에서 하루 일과를 함께 보내고, 집에 돌아온 뒤에도 전화를 붙들고 오랜 시간 동안 수다를 떨었다. 미래에 대한 꿈도 서로 비슷했다. 둘은 많은 시간을 함께했고, 함께 걸었으며, 함께 놀았다. 한 사람이 슬프면 다른 한 사람이 용기를 북돋워 주었고, 한 사람에게 문제가 생기면 문제를 공유하면서 생산적인 해결책을 찾으려고 노력했다. 서로를 믿고 서로에게 만족감을 느끼고 있었던 것이다. 행여나 아버지가 상대 친구에 대해 문제라도 제기할라치면 그 둘은 서로를 감싸주기에 바빴다.

아버지는 아들이 친구를 대하는 것을 보고, 아들에게 자신을 부모가 아닌 친구로 대해 달라고 했다. '나는 너와 친구의 모습을 주 지켜보았고, 더 이상 나를 아버지로 대하지 않길 바란다'고 말했다. 즉 아들에게 친한 친구처럼 대해 줄 것을 요구한 것이다. 아버지의 이 뚱딴지같은 요구에 아들은 실소를 머금고 흔쾌히 동의해 주었다. 그 순간 아버지는 자신의 어깨 위에 놓여 있던 엄청난 무게의 책임감에서 자유로워질 수 있었다고 한다. 그는 언제나 아이들에게 자신이 영웅이어야 한다고 생각하고 있었다. 자식들이 무엇을 어떻게 해야 할지를 물어오면 현명한 결정을 내려 주어야 하는 만능 영웅이어야 했던 것이다. 그 때문에 아이들 앞에 놓인 문제와 도전에 대해 걱정하느라 뜬눈으로 밤을 지샌 날도 많았다고 한다. 아이들의 모든 문제를 해결해 주어야 한다는 중압감이 그를 사로잡고 있던 것이다. 그러나 이제는 전혀 권위적이지 않은 방법으로 모든 문제를 상의할 수 있게 되었다. 그리고 아이들의 아이디어가 자신의 것보다 훨씬 더 창의적이라는 사실도 깨달았다. 그 순간 그는 아버지로서의 긴장감과 수많은 걱정들이 한꺼번에 사라지는 것을 느낄 수 있었다. 나아가 아이들을 지도하는 법, 좋은 아빠가 되기 위한 책 읽기를 중단하고, 마치 친구처럼 자식들과 많은 시간을 함께 보내기로 했다고 한다.

나 역시 일을 중단하고 의도적으로 생각해 볼 기회를 가지려고 노력한다. 가끔은 딸아이를 무등 태워 30분 정도 숲 속을 산책하곤 한다. 하루가 다르게 무거워지는 딸의 몸무게를 목으로 느끼면서, 딸아이가 성장하는 것을 몸으로 실감한다. 그 덕분인지 엄마 뒤만 졸졸 따라다니던 아이가 이제는 나와도 무척 친해졌다. 잠시 멈춰서 생각해 볼 기회를 가졌기 때문에 더욱 소중한 가치를 깨달을 수 있었던 것이다.

바이오 리듬을 미리 알아두자

나는 내 바이오리듬을 그려 둔다. 상태가 좋을 때는 100에 체크하고 나쁠 때는 50에 체크한다. 모든 사람들이 다 그렇겠지만 바이오리듬은 좋을 때와 나쁠 때를 반복하는 하나의 사이클을 형성한다. 이것을 기록으로 남김으로써 앞으로의 사이클을 미리 알 수 있는 것이다. 중요한 일이 있을 때 잔뜩 긴장하거나 컨디션이 나빠지면 안 되기 때문에 그 리듬을 미리 파악해 두는 것이다. 이렇게 함으로써 몸과 마음의 건강을 유지할 수 있다. 여기에 내가 좀 더 궁리해서 얻은, 바이오리듬을 유지하는 비결을 소개하겠다.

 큰 꿈을 실현하기 위한 5가지 작은 습관 성공 노트술

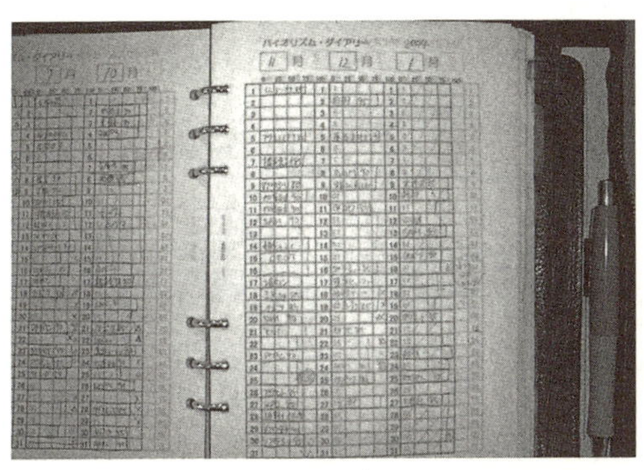

나와 아내의 기분이 좋고 나쁨을 기록해 둔 바이오리듬 다이어리

부부라면 누구나 부부 싸움을 피하고 싶어할 것이다. 서로에게 상처만 주고, 또 남는 것이 없는 소모적인 일이기 때문이다. 이러한 사실을 잘 알고 있는 나는 내 바이오리듬과 함께 아내의 바이오리듬도 함께 체크해 두기로 했다. 아내의 기분이나 분위기가 침체되어 있거나 부부 싸움을 한 날은 Ⅹ 자로 표시했다. 그리고 어떤 사이클로 아내가 폭발하는지 그 리듬을 파악, 내 나름대로 마음의 준비를 했다. 미리 마음의 준비를 해 놓으니 아내가 신경질을 내거나 짜증을 부려도 크게 대수롭지 않게 받아들일 수 있었다.

이처럼 자기 자신의 정신 관리뿐만 아니라 부부 관계에 대한 리스크도 관리할 수 있다면 성공에 더욱 가까이 다가갈 수 있을 것이다.

습관이 사건의 해석을 뒤바꾼다

이들 습관을 실천해 옴으로써 수천만 원의 손해를 봤음에도 크게 동요하지 않고 유연하게 대처하여 문제를 극복한 사례를 소개하려고 한다.

매우 오랫동안 컨설팅을 제공한 다케다 산업이라는 회사가 있었다. 그러던 어느 날, 이 회사의 사장이 이렇게 말했다.

"저는 지금까지 와니 씨에게 너무 많이 의존해 왔습니다. 내년에는 지금까지 알려 준 내용을 실천해 볼 작정입니다. 그동안 와니 씨가 우리 회사에 끼친 영향력이 매우 컸기 때문에 불안하기도 하지만 이제는 저 스스로 자립해 보고 싶습니다. 오랫동안 신세를 졌지만 다음 달로 계약을 해지하겠습니다.”

솔직히 말해, 어떤 이유에서든지 고객을 잃는다는 것은 큰 손실이다. 게다가 오랫동안 맺어 온 관계이기 때문에 정도 많이 들었고, 또 업무도 잘 파악한 상태라 일하기도 쉬웠다. 예전의 나였더라면 계약 해지에 대해 흥분하면서 필사적으로 계약을 지속시킬 방법을 찾으려 했을지도 모른다. 그러나 지금은 비록 섭섭한 생각이 들기는 했지만 이렇게 마음을 고쳐먹기로 했다.

'계약 해지란 일 년에 수천만 원의 수익이 사라진다는 얘기다. 아프다면 아픈 이야기이기도 하다. 그러나 2년 전의 비저너리 맵에 '클라이언트의 수를 13개 사에서 7개 사 이하로 줄여서 보다 폭넓게 활동할 수 있는 시간을 확보한다'고 기입하지 않았던가. 그에 가까워질 수 있는 좋은 기회다. 나는 평소에도 클라이언트가 자립하기를 바랐고, 또 자기 긍정 암시 노트에도 그렇게 기입해 두었다.

그는 많은 고민과 생각 끝에 굳은 각오로 자립하기로 결정했을 것이 분명하다. 이전에 성공 다이어리에도 적어 두었듯이 일에 공백이 생기면 자연스럽게 다음 단계의 일이 들어오게 되어 수입은 오히려 증가했다. 이번에도 반드시 그렇게 될 것이다. 그러니 기쁜 마음으로 밝은 표정으로 계약 해지를 받아들이자.'

그로부터 몇 개월 뒤, 나는 책의 집필과 강연, 세미나 기획, 공동 제작 상품 개발 등의 새로운 일을 시작하게 되었다. 당연히 수입은 줄어들지 않았고, 더욱 활기찬 마음으로 새로운 일을 할 수 있었다.

지금 당장 시작할 수 있는 '1일 3분 두근두근 레슨!'

지금까지 5가지의 습관과 5가지의 도구를 소개했다. 이 것을 처음부터 모두 실행에 옮기려고 하면 힘이 들 것이다. 여기서는 당신이 무리하지 않고 시작할 수 있도록 '하루 3분 두근두근 레슨'을 소개하려고 한다.

1. 아침에 눈떴을 때와 밤에 잠들기 전에 가볍게 자기 긍정 암시 노트를 1분간 훑어본다.

2. 하루에 한 번, 하나의 행동에 3가지 목표를 1분간 생각한다.

3. 하루 한 가지 이상 1분간 성공 다이어리를 적는다.

 큰 꿈을 실현하기 위한 5가지 작은 습관 성공 노트술

단지 이것뿐이다. 이것을 1개월 동안 꾸준하게 실행하면 된다. 이것을 중단하지 않은 사람은 3개월을 할 수 있고, 3개월을 할 수 있다면 1년 동안 지속할 수 있다. 중단하지 않고 지속하는 것이 축적을 낳고, 축적이 힘을 길러준다는 사실을 반드시 기억하기 바란다.

마지막으로, 이 책에서 소개한 방법을 실천하고 도전하려는 당신이 굳은 마음으로 선언해야 할 것이 있다. 아래에 당신이 도전할 과제와 한 달 뒤의 이상적인 상태를 기입해 주기 바란다.

나는 지금부터 한 달 동안

(   )에 도전한다.

그 결과 한 달 뒤에는

(   )와 같은 상태가 될 것이다.

현재 메이저리그에서 활약하고 있는 이치로 선수는 메이저리그의 한 시즌 안타 기록을 갱신한 경험이 있다. 무려 84년 만의 기록 갱신이었다. 그런데 이치로의 인터뷰를 듣는 순간 가슴이 뛰기 시작했다.

"작은 것을 축적해 나가는 일이야말로 가장 높은 곳으로 갈 수 있는 단 하나의 방법이라고 생각한다."

이 책을 마무리하면서 이 설득력 있는 메시지를 독자 여러분의 마음속 깊이 새겨 두기 바란다. 지금까지 설명한 방법들은 필자가 실제로 실행해 보고 효과를 얻는 것들만 모아 놓은 것이다.

내 경험에 의하면, 여기서 밝힌 것을 동시에 실행하지 않아도 상관없다. 할 수 있는 것부터 조금씩 시도해 보는 것이 가장 효과적이다. 사람이 하루에 0.5%라는 아주 작은 성장만 하더라도 1년 뒤에는 그 능력이 6배로 향상할 수 있는 사실을 꼭 기억해 두라. '습관을 들이기 위해 지속적으로 실천하는 것이야말로 능력' 이라는 격언을 습관처럼 여겼으면 한다. 나아가 독자 여러분 주변의 소중한 사람들에게도 이것을 실천할 것을 권유해 주길 바란다. 큰 꿈을 이루는 작은 습관이 여러분 자신에 의해 오늘부터 시작되기를 기대한다.

비저너리 파트너 와니 다츠야

큰 꿈을 실현하기 위한 5가지 작은 습관
성공 노트술

초판 1쇄 인쇄 | 2005년 8월 5일
초판 1쇄 발행 | 2005년 8월 10일

지은이 | 와니 다츠야
옮긴이 | 양영철
펴낸이 | 양동현

펴낸곳 | 도서출판 나들목
출판등록 | 제 6-483호
주소 | 서울 성북구 동소문동4가 124-2
대표전화 | 02) 927-2345 팩시밀리 | 02) 927-3199
이메일 | academy@academy-book.co.kr

ISBN 89-5681-043-5 13320

잘못 만들어진 책은 구입한 곳에서 바꾸어 드립니다.

SEIKOU NO NOTE JYUTSU
by TATSUYA WANI

www.academy-book.co.kr